国家足球协会
会员制度研究

易剑东　董红刚　马阳◎著

南开大学出版社　天津社会科学院出版社

图书在版编目（CIP）数据

国家足球协会会员制度研究 / 易剑东，董红刚，马
阳著. -- 天津 ：南开大学出版社 ：天津社会科学院出
版社，2022.12
ISBN 978-7-310-06336-9

Ⅰ．①国… Ⅱ．①易… ②董… ③马… Ⅲ．①足球运
动－协会－制度－研究－中国 Ⅳ．①G843.92

中国版本图书馆CIP数据核字(2022)第211729号

国家足球协会会员制度研究
GUOJIA ZUQIU XIEHUI HUIYUAN ZHIDU YANJIU

南开大学出版社
天津社会科学院出版社 出版发行

出版人：陈 敬

地址：天津市南开区卫津路94号 邮政编码：300071
营销部电话：(022)23508339 营销部传真：(022)23508542
https://nkup.nankai.edu.cn

北京建宏印刷有限公司印刷 全国各地新华书店经销
2022年12月第1版 2022年12月第1次印刷
787毫米×1092毫米 16开本 16印张 240千字
定价：68.00元

如遇图书印装质量问题，请与本社营销部联系调换，电话（022）23508339

前　　言

中国足球命运多舛,牵动着无数国人的心。我们深知:中国足球要全面振兴和发展,亟需立足中国国情并学习足球强国的经验。制度建设是中国足球走出低谷和迎来新生的关键,而国家足球协会的会员制度研究是其中的一项重要工作。

《国家足球协会会员制度研究》这部书成书于国务院足球改革发展部际联席会议办公室2016年课题的结题报告,并增加了德国、日本、法国、希腊四国足球协会会员制度的相关内容。该课题由易剑东和董红刚承担,绪论、第一章、第七章由董红刚执笔,第二章至第六章由马阳执笔,易剑东指导并统稿。附录的内容由易剑东教授和相关学者完成,希望对读者理解本书的主题有所帮助。

让我们扎根中国足球的现实基础,精心谋划中国足球的制度体系,精细运筹中国足球的运行机制,将治理体系和治理能力现代化的理念置入中国足球的实践。相信中国足球终将迎来云开雾散的光明未来!

目　录

绪　　论

2016 年,被誉为中国足球协会改革元年,自此,中国足球协会转变为真正的社会团体。然而,地方足球协会改革困难重重,核心问题是脱钩后地方足球协会怎么生存? 理论上,会费是各级足球协会收入的主要来源,会员提供的志愿服务和网络关系是足球协会的重要资源甚至是生存之本。因此,研究中国足球会员制度具有重要意义。

一、研究背景

党的十八大以来,党中央、国务院把振兴足球作为发展体育运动、建设体育强国的重要任务,党和国家领导人多次强调各级政府部门要重视足球事业。

2015 年 2 月 27 日,在中央全面深化改革领导小组第十次会议上,审议通过了《中国足球改革发展总体方案》,明确指出坚定不移地推进足球改革、振兴足球,并以此为突破口深化体育管理体制改革。根据方案的部署,国务院于 2015 年 3 月 23 日批准建立国务院足球改革发展部际联席会议制度,联席会议由中央宣传部、中央改革办、国务院办公厅、外交部、发展改革委、教育部、公安部、民政部、财政部、人力资源社会保障部、国土资源部、住房城乡建设部、税务总局、工商总局、新闻出版广电总局、体育总局、共青团中央共 17 个部门组成,各成员单位有关负责同志为联席会议成员。尔后,经国务院同意,国家发展改革委、国务院足球改革发展部际联席会议办公室、体育总局、教育部联合印发了《中国足球中长期发展规划（2016—2050）》。

随后，联席会议办公室制定了《〈总体方案〉重点任务分工细化方案》，拟定中国足球改革近期、中期和远期目标，当下是要理顺足球管理体制，制定足球中长期发展规划，创新中国特色足球管理模式。方案列出了与《总体方案》相对应的26项改革发展重点任务，涵盖91项具体工作；根据任务的内容和部门职责，明确了牵头单位和相关单位；初步把各重点任务划分为改革、攻关、发展、研究四类，即部际办公室拟定的"十大课题"，规定了各项任务的时间进度，大部分改革任务要求在2016年11月底前完成，暂时不能完成的改革类任务要提出改革的建议方案，发展类任务要提出工作思路与规划，确保《总体方案》全面落实、早日落实。

2015年8月7日，国务院足球改革发展部际联席会议办公室制定了《中国足球协会调整改革方案》，以《中国足球改革发展总体方案》为依据，全面改革中国足球协会，破除制约中国足球发展体制机制的障碍，创新中国足球管理体制，逐步形成依法自治、民主协商、行业自律的组织框架，建立符合中国社会发展要求和国际足球发展趋势的管理模式，为中国足球发展提供组织保障，为深化体育管理体制改革探索道路。《中国足球协会调整改革方案》提出，中国足球协会改革的重点工作是机构改革和人员队伍调整，将体育总局足球运动管理中心由事业单位转变为中国足球协会常设办事机构，改变中国足球协会与足球管理中心"两块牌子，一套人马"的组织架构，将适时撤销足球管理中心并按规定核销相关事业编制。改革中，按照党管干部的原则，积极稳妥地做好相关人员的岗位转换和工作安排。足球管理中心领导班子成员作为国务院体育行政部门代表进入中国足球协会工作，免去事业单位职务，按国家有关规定进行管理。足球管理中心在编在岗人员，根据个人意愿一次性选择去留，选择进入中国足球协会工作的，将所有关系转入中国足球协会，原在编在岗人员级别、职务等进档封存；不进入中国足球协会工作的，由体育总局在系统内统筹安排工作。改革后，中国足球协会按照有关法律法规与工作人员签订劳动合同,能上能下,能进能出,同工同酬,公平竞争,统一考核。随后,制定出台了《关于推进地方足球协会调整改革的指导意见》。

在推进足协改革过程中,各级各类足协普遍遭遇了"十大难题",国务院足球改革发展部际联席会议办公室推出了"十大课题",希望借助智库力量予以应对,本书就是"十大课题"之一。

二、研究意义

理论意义:中国足球协会会员的功能定位及相互关系研究,核心是各级各类足协的责权利及其边界,本书致力于解决各级各类足协会员的结构归属、功能定位和关系界定,为足协内部运行的体制机制提供坚实的理论基础。此外,本书立足国际视野,透视美国、法国、德国等国家足球会员制度的问题与对策,为中国足球会员制度提供借鉴,为后继研究夯实基础。

现实意义:2015年2月27日,中央全面深改小组通过《中国足球改革总体方案》着重强调了足球管理体制改革、足球管理模式创新问题,足协的身份转换与功能转变势在必行。2015年8月7日,国务院足球改革发展部际联席会议办公室制定了《中国足球协会调整改革方案》,中国足球协会改革正式提出。2016年底全国体育工作会议指出,全国近四分之三的地区已经完成脱钩,但困难重重。在这一过程中,各级各类足协会员之间的关系及其与地方政府、俱乐部、企业、媒体之间的关系至为关键。本书致力于为中国足球协会会员制度的瓶颈问题找到解决途径,为厘清脱钩后各级各类足协的功能定位以及调和中国足球协会会员内外部关系提供支撑。

三、文献综述

国内现有的研究文献,关于足球的研究集中于足球职业联赛的相关问题,而关于中国足球协会的研究大多指向"足协"的双重身份问题,即政府、社会、市场边界问题。本书研究的主题是中国足球协会会员制度,攸关中国足球协会内部体制机制问题,即各级各类足球会员的隶属关系、结构归属、功能定位问题。因此,笔者选择从以下维度进行一个简要的文献述评。

(一)足球治理结构:攸关各级各类足协的功能定位问题

有学者指出,足球治理的核心问题是治理结构①,即法人治理结构(易剑东,2016;郑志强,2012;谭燕,2006)。中国足球联赛的法人治理结构涵盖多中心治理结构、多元化治理主体、多样化治理手段、社会化治理评价,关键是理顺政府、市场、社会三者之间的关系,厘清政府部门、中国足协、职业足球联盟的责权利,进而,足协从权力和权利的错配中抽拔出来②,真正实现中国足球协会会员自主运营联赛。

也有学者持不同观点,认为足球治理的核心问题是足协如何发挥根本性作用(时维金,2016;韦志明,2016;谭建湘,2015),当然,他们是立足于足协行政功能的改良来论证其重要性的,这显然与足协改革背道而驰。事实上,足协确实应该发挥积极的作用,然而,足协的功能和职能并非是基于行政权威的统摄。在改革进程中,中国足球协会内部治理结构的分工合作至关重要③,这是一种有别于行政隶属关系的、依靠合同与信任的分工合作。

有学者强调产权是足协治理结构的关键(梁伟,2015;梁伟,2014),

---

① 易剑东,施秋波.论完善中国足球法人治理结构的关键问题——写在《中国足球改革总体方案》颁布一周年[J].体育学刊,2016,23(3):1-8.
② 梁伟.基于资本权力错配与重置的中国足球超级联赛股权管办分离研究[J].体育科学,2013,33(1):17-22.
③ 韦志明.论体育行业自治与法治的反思性合作——以中国足球协会为中心[J].体育科学,2016,36(4):90-96.

中国职业足球联赛中必定有部分"政府产权"①,这部分产权并非是简单的政企分开、政社分开,而是要以一种政府规制的形式来协调政府、市场、社会之间的关系。事实上,足协"双向代理人"②的身份决定了足协实体化和管办分离举步维艰,因此,明确产权是联赛走向多中心治理的关键步骤。

足协的内部治理面临的问题是协会外部合法性危机、治理部门间权限模糊、协会章程约束力不足、仲裁机制法治化不足、人事机制偏离自治、会员制度存在局限性。因此,应完善单项协会内部治理的相关法律体系,完善适合体育行业管理的法人治理结构,完善单项协会的内部治理机制③。

当然,还有部分学者从历史维度进行梳理,得出中国足球协会改革的困境和路径(曹继红,2008;马志和,2006),他们不约而同地指出中国足球协会与体育总局脱钩的重要意义④⑤。足球协会的改革存在两个困境:一是条块关系呈现出非常明显的"双重从属制"的外在特征,及其导致的改革工作推行不畅;二是源于"理不清""改不了""不想变"的政府职能转变受阻⑥。足球改革"脱而未变"的困境及出路,可以为我国体育管理体制改革提供深刻的探索和前行的借鉴(叶林,2019)。

显然,足球治理的核心是尽快确定中国足球协会的社团法人治理结

① 梁伟.中国足球职业联赛"政府产权"的界定及其边界约束研究——基于产权由物权关系向行为权利关系演化的理论视角[J].体育科学,2015,35(7):10-18.

② 梁伟,梁柱平,张珺.中国足球协会"双向代理人"角色定位及其对职业联赛的治理研究[J].天津体育学院学报,2014,29(6):484-488.

③ 王志文,张瑞林.全国性单项体育协会脱钩后内部治理的完善——基于中国足协的实证考察[J].天津体育学院学报,2020,35(2):195-201.

④ 曹继红,孟亚南.新中国行业体育协会的历史变迁[J].体育学刊,2008,15(5):37-42.

⑤ 马志和,顾晨光,高学民.中国足球协会管理体制的制度创新[J].武汉体育学院学报,2006,40(10):6-11.

⑥ 叶林,陈昀轩,樊玉瑶.中国体育管理体制改革的困境与出路——基于足球改革的调查[J].中国行政管理,2019(9):50-55.

构,以及如何形成一种中国足球协会发挥合理作用的体制机制,其中关键是中国足球协会与体育行政部门之间、各级各类足协会员与利益相关者之间的结构归属、功能定位、责权利边界,而这正是本书研究的主旨。

(二)足球治理评价:攸关各级各类足协的相互关系问题

有学者指出,足球治理的评价机制理应围绕着中超绩效(梁伟,2014;郑志强,2012),过度强调国家队成绩或者说政府部门绩效是导致中国职业足球危机的主要问题[1],足球治理评价首先应该摒弃政府干预[2]。上述观点有矮化足协功能的嫌疑,当下的脱钩改革已经明确了足协的职责,涵盖了足球的方方面面,但是还存在足协难以承担之处,因此,体育总局印发了《关于中国足球协会脱钩后各类工作事项调整办理方式的实施意见》,明确了体育总局与足协负责的具体事项。

也有学者指出,足球治理的评价机制应该侧重于国家队的成绩(曹景伟,2015;龚波,2012;吴育华,2008;王伯超,2006),国家队成绩是足球安身立命之本,才是足球存在的根终极目标。显然,国家队成绩是中超难以背负的,或者说足协难以承担国家队成绩这一重任,无论怎么改革,体育总局必定还要介入足球国家队的事宜,只是方式有所不同。

还有部分学者是折中派(王方玉,2015;钱静,2014;刘桦楠,2010),他们认为足球协会的评估应该是以"自评估[3]"为主,以独立的第三方监督为主。但是,体育行政部门对足协的评价(国家队成绩、足球后备力量的培养、校园足球的开展)也应该占一定比例。

显然,足球治理的评价应该坚持多元化指标、社会化评价,其中的关键是中国足球协会内部具备顺畅的体制机制,即中国足协、省级足协、市

---

① 易剑东,郑志强. 公共治理理论视域下中国职业足球的危机及其应对[J]. 北京体育大学学报,2011,34(12):1-4.

② 朱进. 外部性与政府干预行为[J]. 长江论坛,2003,(2):43-46.

③ 何志林,周驰. 中国足球协会会员协会裁委会评估方案研究[J]. 上海体育学院学报,2004,28(5):57-62.

级足协、行业足协等协会会员,构建结构合理、权责明确、关系和谐的结构关系,各级各类足协会员、企业、俱乐部、媒体,打造利益均衡、彼此协调、共同治理的良好局面。显然,这一领域至今还没有学者涉足,而这正是本书研究的主要内容。

(三)足球纠纷解决:攸关足协内部治理机制问题

一直以来,足球纠纷的解决似乎都是体育法学研究者的阵地、体育仲裁研究的主题,很少有体育社会学、体育管理学的研究者探讨足球纠纷问题。多数学者认同,足球纠纷无法有效解决或者说没有拿出社会认可的解决方案,是体育行政部门干预过多。有学者指出,足协内部的纠纷难以解决源于体育仲裁机制的独立性不够[①],解决之道是体育政策机构外部化(张春良,2015),体育仲裁机构独立化。如此,当然能够有效避免行政干预,然而,问题的根本恐怕不在于此,足协与足球管理中心的一体与纠葛,才是乱用行政手段的根源。

有学者立足于中国足球协会章程分析体育纠纷解决机制,认为章程应该细化、独立化、权威化[②],一切事务依据章程办理(严红,2006)。这也是有学者坚持的足球纠纷解决机制与国际接轨,以自治为基础[③],坚持用尽内部救济原则,尔后,诉之于法律程序。显然,足协与体育行政部门脱钩正在进行中,中国足协自治还不完善[④],组织内部的处分条例以及纠纷处理机制的公平公正和透明度尚待完善。

显然,足球纠纷解决攸关中国足球协会内部治理机制问题,其中的关

---

① 张春良.体育协会内部治理的法治度评估——以中国足协争端解决机制为样本的实证考察[J].体育科学,2015,35(7):18-27.

② 严红,刘家库.我国体育协会章程与体育纠纷解决方式的研究——以足球协会章程研究为中心[J].河北法学,2006,24(3):147-152.

③ 钱静.中国足球协会内部纠纷解决机制的完善——以体育自治为基础的考量[J].体育与科学,2014,35(3):44-49.

④ 郭树理.体育组织内部纪律处罚与纠纷处理机制的完善——以中国足球协会为例[J].法治论丛,2003,(3):31-36.

键是中国足球协会内部要具备完善的体制机制和独立的仲裁机构。本书
借助足球纠纷解决机制透视中国足球协会章程的完善性,以及中国足球
协会内部治理机制是否顺畅,即纵向的中国足协、省级足协、市级足协、行
业足协权责是否明确,横向的各级各类足协与俱乐部、企业、媒体结构归
属是否清晰。显然,体育法学界还没有将研究引向"中国足球协会会员
的功能定位及相互关系"。

四、研究方法

(一)研究对象

第一,以中国、美国、英国、德国等国家的足球会员制度为研究对象,
进行比较研究。

第二,具体于中国足球协会会员制度,以中国足协、省级足协、市级足
协、行业足协的功能定位及相互关系,以及中国足球协会内部体制机制为
主要研究对象。

(二)研究方法

文献资料法。收集和梳理国内外有关足球治理、足球协会会员制度
等方面的著述,对相关文献进行阐释和剖析,从中归纳出足球治理的历史
规律和发展趋势,并构建中国足球协会会员中行业足协、省级足协、市级
足协功能定位及相互之间关系的研究体系。

专家访谈法。结合前期的文献材料,设计访谈提纲,就本书主要议
题:纵向的中国足协、省级足协、市级足协、行业足协的结构、功能、关系,
横向的各级各类足协与地方政府、俱乐部、企业、媒体的结构、功能、关系,
对国内外专家、管理者、运动员和企业家等进行深度访谈,以此把握足球
治理和中国足球协会内部运行体制机制的关键问题和热点问题。

博弈论方法。中国足球协会会员之间的博弈焦点是:中国足协、省级

足协、市级足协、行业足协之间的责权利及其边界,同时,中国足球协会会员与地方政府、俱乐部、企业、媒体之间构成横向的结构关系,然而,各利益主体均倾向于非合作博弈。为此,必须通过明确的契约安排,借助激励与约束相容机制,实现合作博弈,最终实现足球治理现代化的目标。

比较方法。比较研究美国、法国、德国等国家的足球会员制度,厘清美国、法国、德国等国家会员制度的问题,明确他们解决问题的思路,以供参考。

(三)研究内容

调查研究:中国足球协会会员的基本状况。本书首先梳理中国足球协会发展历史,调查研究中国足球协会会员的基本状况。中国足球协会会员分为单位会员和个人会员,单位会员又分为省、自治区、直辖市,以及足球改革重点地区或城市的足球协会、各全国性行业/系统的足球协会。显然,中国足球协会会员的分类混乱,不利于实现中国足球协会的治理体系和治理能力现代化。

比较研究:比较研究美国和欧洲典型国家的足球治理和足球协会会员制度,厘清美国、法国、德国等国家会员制度的问题,明确他们解决问题的思路,以供参考。

纵向研究:中国足球协会会员纵向的结构、功能、关系,即中国足协、省级足协、市级足协、行业足协的结构、功能、关系。本书在明晰中国足球协会会员状况基础上,分析各级各类会员的结构特征,厘清各级各类会员的结构特征,明确各级各类足协的功能定位,理顺各级各类足协之间关系。

横向研究:中国足球协会会员横向的结构、功能、关系,即各级各类足协会员与地方政府、俱乐部、企业、媒体的结构、功能、关系。本书在理顺中国足球协会内部运行体制机制的基础上,进一步框定各级各类足协会员与地方政府、俱乐部、企业、媒体之间的责权利边界及其关系,核心是构建法人治理结构,实质是治理主体之间的利益重构与关系重建。

解决方案:细化足协章程、构建评价体系。本书为破解中国足球协会会员纵向层级和横向结构之间关系的难题,提出的解决方案是:"一项中心工作、两项基本制度、三项关键标准、四个重要抓手、五个协会会员。"即以构建权威足球职业联赛为中心工作,以联席会议和足协自治为两项基本制度,以脱钩标准、不脱离标准、运行标准为三项关键标准,以结构、功能、关系、评价为四个重要抓手,打造五类协会会员协同共治的治理体系。

五、重点难点、主要观点与创新之处

(一) 重点难点

重点:一是如何理顺各级各类足协会员之间的关系?构建各级各类足协会员与地方政府、俱乐部(联盟)、企业、媒体的协同机制。二是中国足球协会会员制度如何落实?比如《中国足球协会章程》第十一条第七款规定:"单位会员对本行政区划内的所有足球事务具有管理权和监管权,包括对职业足球俱乐部、业余足球俱乐部行使管理、注册、监督和处罚的权力。"如何落实?三是如何在章程的关照之下,构建中国足球会员制度的治理体系。

难点:一是比较研究中国、美国、法国、德国的足球会员制度,各国的足球研究文献浩如烟海,如何准确地找出各国足球协会会员制度的问题,是本书的难点;二是调查研究中国足球协会会员的基本状况和结构特征,厘清中国足协、省级足协、市级足协、行业足协的责权利及其边界,理顺足协内部的体制机制。

(二) 主要观点

第一,中国足球协会改革面临三个问题:一是足协改革如何推进;二是足协内部运行机制;三是足协外部协调机制。基于此,中国足球会员制度的两个维度研究是：足球协会会员纵向层级间的结构关系、足球协会会员横向的责权利关系。

第二，中国足球协会内部运行的体制机制决定着中国足球的治理绩效，内部运行的核心是中国足协、省级足协、市级足协、行业足协的责权利及其边界，这构成了各级各类足协会员的纵向结构关系。"中国足协—省级足协—市级足协"之间是一种隶属关系，"各级足协—行业足协"之间是一种扶植、指导、管理、监督的关系。在此基础上，依靠完备的制度构建平等、协商、合作的中国足协、省级足协、市级足协、行业足协之间的结构关系，建议设立专项委员会以协调各级各类足协的关系。

第三，中国足球治理现代化的关键是各级各类足协会员与地方政府、俱乐部（联盟）、企业、媒体之间的结构归属和关系界定，这构成了各级各类足协会员的横向责权利关系，实质是足球治理主体之间的利益重构与关系重建，抓手是构建职业足球法人治理结构、构建权威的业余足球联赛体制。以利益共享、责任共担、彼此关切、协调互动为理念，通过利益主体的职能重构来构建规范、透明、高效、协调、公正的足球治理体制机制，以及各级各类足协与地方政府、俱乐部（联盟）、企业、媒体的协同机制。

第四，《中国足球协会章程》是规范各级各类足协会员行为的保障，具备法律效力；而足球治理评价体系是指挥棒，引导着各级各类足协会员的行为选择，二者缺一不可。

（三）创新之处

第一，本书进行了中国、美国、法国、德国等国家足球会员制度的比较研究，这在足球研究领域是开创性的工作。

第二，本书以纵向的隶属关系为抓手，研究中国足球协会内部运行的体制机制问题，把握各级各类足协会员的层级关系，确定中国足球协会内部运行体制机制的隶属关系、结构归属、功能定位，力求构建中国足协、省级足协、市级足协、行业足协的责权利边界的整体框架。

第三，本书以横向的结构关系为抓手，探讨各级各类足协会员与地方政府、俱乐部(联盟)、企业、媒体之间的结构归属和关系划分,探寻利益相关者之间的博弈困境所在,通过各利益主体的职能重构,构建中国足球治理现代化的体制机制。

第一章　中国足球协会会员制度概况

《中国足球协会章程》是中国足球协会的基本准则,其中包括了详细的会员制度、组织机构、功能定位等,会员制度是章程的核心内容。本章首先梳理中国足球协会的发展历程和赛事演进,尔后,以《中国足球协会章程》(2019)为例,列出中国足球协会章程和组织机构,为本章第三节中国足球会员制度以及第七章中国足球协会会员制度的问题与改革策略做好铺垫。

第一节　中国足球协会简介

中国足球协会(Chinese Football Association,简称 CFA)成立于 1955年,是全面组织管理中国足球运动的社会团体法人组织,在国家民政管理部门登记为社会团体法人,在国际足联注册为会员。

(一)中国足球协会发展的关键节点

1955 年 1 月 3 日,中国足球协会成立,总部位于北京,黄中任首届主席。

1956 年 6 月 9—10 日,中国足球协会副主席张联华在葡萄牙里斯本举行的国际足球联合会第 30 届代表大会上,要求国际足联必须取消中国台湾会籍和确认我国参加第六届世界杯足球赛的资格问题。在遭到大会拒绝后,我国代表退出会场以示抗议。

1979 年 10 月 13 日,国际足球联合会执委会通过决议,重新接纳中华人民共和国足球协会为会员,要求中国台湾的足球组织改名为"中华台北足球协会",并不得使用"中华民国"的任何标志。

1980 年 7 月 7 日,国际足球联合会第 42 届代表大会批准了国际足联执委会做出的关于恢复中国足球协会在国际足联中的合法权利的决定,中国回到了国际足球大家庭。

1992 年 6 月,中国足球协会在北京西郊红山口召开工作会议,即"红山口会议"。会议以改革为主题,决定把足球作为体育改革的突破口,确立了中国足球要走职业化道路的发展方向。

1995 年 1 月,足球运动管理中心成立。该中心的成立,是国家体委体育改革的措施之一,中心对外仍以中国足球协会的名义,以适应国际惯例。

2015 年 3 月 16 日,国务院办公厅印发《中国足球改革发展总体方案》,提出把发展足球运动纳入经济社会发展规划,实行足球发展"三步走"战略。

2015 年 8 月 17 日,中国足球协会与体育总局脱钩,依法独立运行,在内部机构设置、工作计划制定、财务和薪酬管理、人事管理、国际专业交流等方面拥有自主权。

2016 年 2 月 24 日,撤销"国家体育总局足球运动管理中心",这意味着中国足球协会"两块牌子、一套人马"的局面不复存在。今后,中国足球协会将以社团法人的身份负责监督管理中国足球各项事务。

（二）中国足球协会赛事演进

表 1-1　成年男子赛事

赛事名称	创办时间	备注
中国足球协会超级联赛	2004	前身是 1989 年创办全国足球甲级队（A 组）联赛
中国足球协会甲级联赛	2004	前身是 1989 年创办全国足球甲级队（B 组）联赛
中国足球协会乙级联赛	2004	前身是 1989 年创办全国足球乙级队联赛
中国足球协会会员协会冠军联赛	2002	原名全国足球业余（丙级）队联赛、中国足球协会业余联赛
中国足球超级联赛预备队联赛	2002	原为全国职业足球俱乐部预备队联赛
中国足球甲级联赛预备队联赛	2012	
中国足协杯	1984	2007 年起停办，2011 年复办
中超联赛杯	2004	2006 年起停办
中国足球超级杯	1995	原名超霸杯，2004 年起停办，2012 年复办

表 1-2　成年女子赛事

赛事名称	创办时间	备注
中国女子足球超级联赛	1997	
全国女足联赛	1992	2007 年起停办
全国女足锦标赛	1983	
中国女子足协杯	2006	
中国女足超霸杯	1995	2009 年起停办

(三) 中国足球协会组织机构

中国足球协会是中国足球运动的管理机构,是亚洲足球联合会及国际足球联合会的成员,是中华全国体育总会的团体会员。

中国足球协会的最高权力机构是全国代表大会,常务委员会由主席、专职副主席、副主席、秘书长、司库组成,在全国代表大会闭会期间履行其职务。"脱钩"改革前,中国足球协会和国家体育总局足球运动管理中心是"两块牌子,一套班子",所以,中国足球协会主席仅是挂名,不负责协会日常事务,负责日常事务的是专职副主席即足球管理中心主任。

中国足球协会的主席会议是执行机构,负责处理协会日常工作,下设咨询、财务、竞赛、女子足球、青少年足球、学校足球、裁判、法规、科学技术、教练、安全、新闻、外事等专项委员会。中国足球协会的职能包括:研究制订足球的发展规划、计划和方针政策;负责和指导足球俱乐部的建设和后备人才的培养,管理足球的各级国家队;研究制订并组织实施足球的全国竞赛制度、竞赛计划、规划和裁判法;组织教练员、裁判员培训;组织科学技术研究,提高训练水平;制订足球场地标准和足球器材的研究、发展;开展国际交往和技术交流等。

2010 年 4 月中国足球协会调整部门设置,由原"六部一队"调整为"七部",即综合部、外事部、技术部、职业足球发展和监管部、竞赛管理部、国家队管理部(原国家队)、青少年和社会足球发展部。另外,还有福特宝公司、中超公司等下属单位。

2016 年 2 月,中国足球协会与国家体育总局脱钩之后,足协拥有了自主权,内部机构进一步调整,设立 12 个专业委员会,除已有的教练委员会、裁判委员会、仲裁委员会和纪律委员会外,新增新闻委员会、技术委员会、竞赛委员会、青少年委员会、女足委员会、五人制与沙滩足球委员会、运动员委员会、道德与公平竞赛委员会。

第二节　中国足球协会章程

《中国足球协会章程》依据《中华人民共和国宪法》《中华人民共和国民法通则》《中华人民共和国体育法》《社会团体登记管理条例》《国际足球联合会章程》以及《亚洲足球联合会章程》的有关规定制定。

《中国足球协会章程》历经演进,从《中国足球协会会员协会管理办法》(1999)到《中国足球协会章程》(2019)不断完善。最新版本《中国足球协会章程》(2019),主体内容包括:总则、会员、委员会、管理人员、董事会和委员会、行政、球员、听证、申诉和上诉以及修正案,目录如下:

第一章　总则

第一条　名称与地址

第二条　依据

第三条　性质

第四条　宗旨、业务范围及义务

第五条　反对歧视

第六条　球员

第七条　足球竞赛规则

第八条　行为规范

第九条　语言

第二章　会员

第十条　会员入会、会员资格的暂停、取消和开除

第十一条　会员入会

第十二条　入会审批程序

第十三条　会员权利

第十四条　会员义务

第三章　组织机构

第一节　会员大会

第二节　执委会

第三十八条　执委会会议

第三节　负责人

第三十九条　本会负责人包括主席 1 名,副主席 3—5 名,秘书长 1 名。

第四十条　本会负责人应当具备下列条件

第四十一条　本会负责人任期与执委会相同,连任不超过两届。

第四十二条　主席职责

第四十三条　主席的选举

第四十四条　法定代表人

第四十五条　副主席、秘书长协助主席开展工作

第四十六条　主席办公会议制度

第四节　荣誉职务

第四十七条　名誉主席、名誉顾问、顾问与荣誉会员

第五节　专项委员会和特设委员会

第四十八条　专项委员会

第四十九条　专项委员会的职责

第五十条　特设委员会

第四章　法律机构

第五十一条　本会建立预防与惩处并重的足球行业法治教育体系、执法和监督体系。

第五十二条　纪律委员会、道德与公平竞赛委员会

第五十三条　纪律罚则

第五十四条　争议管辖权

第五十五条　体育仲裁法庭

第五章　办事机构

第五十六条　秘书处

第六章　赛事及权利

第七章　资产管理、使用原则

第八章　信息公开与信用承诺

第七十条　本会依据有关政策法规,履行信息公开义务,建立信息公开制度。

第七十一条　本会建立年度报告制度,年度报告内容及时向社会公开,接受公众监督。

第七十二条　本会重点围绕服务内容、服务方式、服务对象和收费标准等建立信用承诺制度,并向社会公开信用承诺内容。

第九章　终止程序及终止后的财产处理

第七十三条　本会终止动议由执委会提出,报会员大会表决通过。

第七十四条　本会终止前,应当依法成立清算组织,清理债权债务,处理善后事宜。清算期间,不开展清算以外的活动。

第七十五条 本会经登记管理机关办理注销登记手续后即为终止。

第十章 附则

第七十六条 本章程规定的数字,"以上""以下""提前"包括本数,"超过""不足"不包括本数。

第七十七条 本章程经 2019 年 8 月 22 日在第十一届会员大会第一次会议表决通过。

第七十八条 本章程的解释权属于本会的执委会。本章程未尽事宜,由执委会做出决定。

第三节 中国足球会员制度

会员制度是《中国足球协会章程》的核心,会员制度详细地规定了会员资格、会员类别、入会程序、会费、会员的责权利等。《中国足球协会章程》(2019) 第二部分会员,明确规定了中国足球协会会员制度,具体如下:

第二部分 会员

第十条 会员入会、会员资格的暂停、取消和开除

(一)会员的入会、会员资格的暂停、取消和开除由会员大会决定。

(二)拥护本会章程,有加入本会意愿,符合本章程规定的条件,可申请入会。

(三)被暂停、取消或开除资格的会员,有权申诉。

(四)会员退出,或会员资格被暂停、取消,即失去其各项会员权利,但其对本会及其他会员应当承担的经济

责任并不免除。

第十一条　会员入会

(一)本会会员体现地域覆盖性和行业广泛性。

下列组织可申请加入本会：

1.省、自治区、直辖市的足球协会。

2.地区、城市的足球协会。

3.行业、系统的足球协会。

4.青少年足球组织。

5.女子足球组织。

6.各类足球联赛(联盟)组织。

7.会员大会同意接纳的其他组织。

(二)申请成为本会会员,应当提交以下材料：

1.申请书。申请书须对以下事项作出承诺：

(1)遵守本会、国际足联、亚足联章程及有关规定并履行会员义务。

(2)接受本会仲裁委员会和位于瑞士洛桑的国际体育仲裁法庭的管辖。

(3)保证不将在国际足联、亚足联和本会章程规定范围内的争议诉至法院,国际足联、亚足联和本会章程另有规定的除外。

2.合法有效的章程和各项规定。

3.主要负责人名单。

4.合法成立、具有法人资格的证明材料。

5.组织机构及其管辖范围内的设施和足球组织的详细信息。

(三)会员自获得会员资格之日起,应在30日内缴纳当年的会费。

第十二条　入会审批程序

(一)本会接到入会申请,由执委会根据本会关于会员准入审核的有关规定进行审查后,交会员大会审议。

(二)会员大会对执委会的建议有决定权,如执委会建议不同意入会申请,申请人有权向会员大会陈述其申请理由。

(三)经会员大会同意,申请人即获得会员资格,颁发会员证,并予以公告。

第十三条　会员权利

(一)参加会员大会的权利。

(二)选举权、被选举权和表决权。

(三)提名本会执委会成员和分支机构候选人的权利。

(四)参加本会组织的有关比赛和活动的权利。

(五)获得本会官方信息和服务的优先权。

(六)参加本会援助和发展计划的权利。

(七)对本会工作提出批评、建议和监督的权利。

(八)推荐会员。

(九)自愿入会和退会的权利。

(十)本会规定的其他权利。

行使上述各项权利应当符合本章程及相关规定。

第十四条　会员义务

(一)遵守并确保本会范围内的足球组织和足球从业人员遵守本会章程、规程、决议和决定,积极参加本会组织的各项竞赛和活动,维护本会合法权益。

在所辖范围内,依据本章程及本会相关规章制度和发展规划,独立开展足球工作并承担责任:

1.普及足球运动,扩大足球人口。

2. 负责所辖范围内团体会员和个人会员的注册、管理,加强足球专业人才培养。

3. 在本会范围内对职业足球俱乐部、业余足球俱乐部及足球从业人员进行注册、管理、监督和处罚。

4. 开展青少年和女子足球运动,与教育部门合作开展校园足球活动。

5. 维护俱乐部权益,支持俱乐部工作,为加强俱乐部组织、思想和业务建设提供服务。

(二)遵守国际足球理事会制订的《足球竞赛规则》,在章程中明确规定其会员应遵守公平竞赛原则和体育道德。

(三)承认并接受本会仲裁委员会和国际足联争议解决机构对行业内纠纷的管辖权,并在其章程中载明。

(四)向本会报告其章程的修改和主要负责人的变更。

(五)未经本会许可,不组织或参加国际友谊比赛,不与被暂停会员资格的会员或本会不予承认的足球组织进行任何足球交往。不得和非本会会员的组织(个人)、遭到停赛或开除处罚的会员(个人)进行正式足球比赛。

(六)完成本会指派的各项任务,向本会反映情况,提供有关材料。

(七)依照本会的注册管理制度按时注册并足额缴纳会费。

(八)承担由国际足联、亚足联和本会章程所产生的各项义务。

任何会员不履行上述义务,本会有权根据相关规定进行处罚。

第十五条　暂停会员资格

（一）对出现下述情况的会员,会员大会有权决定暂停其会员资格,执委会有权决定临时暂停其会员资格:

1. 两年内不参加本会的活动。

2. 不按时在本会进行年度注册。

3. 不向本会支付应缴纳的会费或其他款项。

4. 严重违反本会章程及有关规定,经提醒后仍不给予改正。

（二）在紧急情况下,执委会有权做出临时暂停会员资格的处罚决定,并立即生效。如执委会未解除该处罚,则处罚有效期持续到下次会员大会召开时结束。

（三）会员大会对执委会的临时暂停会员资格处罚进行表决,在与会会员的半数票数同意后,处罚生效。如果未能获得全体会员的半数票数同意,则处罚自动被取消。

（四）暂停会员资格的时间最长为两年。被暂停会员资格的会员在处罚期内不再享有会员权利,其他会员不得与被暂停会员资格的会员代表队进行正式足球比赛。

第十六条　取消会员资格

（一）已被暂停会员资格的会员,在处罚期内仍未对违纪行为进行改正的,会员大会有权决定取消其会员资格。

（二）取消会员资格,由执委会提出并列入会员大会的议程。

（三）取消会员资格,应当获得 3/4 以上与会会员同意。

第十七条 开除会员资格

(一)会员严重违反本会或国际足联、亚足联章程和有关规定,会员大会有权决定开除其会员资格。

(二)开除会员资格的程序与取消会员资格程序相同。

第十八条 会员退出

(一)会员要求退出,应先解决与本会及其他会员之间的财务问题后,至少提前6个月以书面形式通知本会,退会方可成立。

(二)会员未按时在本会注册,或被撤销(注销)登记,视为自动退出。

第十九条,省(市)足球协会、联赛(联盟)组织、俱乐部、其他组织

本会从基本政策、准入审查、纪律和仲裁、重大事项决定等方面对注册范围内非会员各级足球协会、联赛(联盟)组织、俱乐部、其他组织进行监督。

(一)上述各组织应遵守:

1. 在本会章程规定的权利、义务和工作范围内开展工作。

2. 在本会管辖范围内,只有本会有权组织全国性最高级别足球联赛。

(二)上述各组织依法自行开展足球活动,不受其他外部力量阻碍和制约。

(三)禁止关联关系。同一自然人或法人(包括公司股东及其下属子公司)不得同时控制两个以上的俱乐部或足球组织。

第二章　德国足球协会会员制度概况

本章内容重点关注德国足协会员管理制度。这一研究兴趣主要起源于如下典型事实：

1. 截至 2021 年，德国足协（Deutscher Fußball-Bunde. V. , DFB）拥有 27 个成员协会、24301 家职业和业余足球俱乐部以及 7064052 位协会会员，业已成为世界范围内规模最大且最富影响力的国家级足球协会。

2. 不同国家不同实践形态，德国足球治理整体特点可归纳为"防御性治理"（defensive governance），与以英超、法甲为代表的足球职业联赛"进取性治理"（offensive governance）截然不同，以会员为中心而非以资本为主导，将可持续性发展视为基本方略。

3. 相较于奉行英美法系的美国和英国，德国行业协会以"政府助手"角色自居，其发展模式与我国国情契合度更高。

德国规制的特征是"授权型国家"。通过立法和规制，国家授权社团群体自治和集体行动。本部分围绕德国足协会员管理制度的论述主要包括以下三部分内容：

(1) 德国足协会员代表大会制度
(2) 德国业余体育俱乐部会员大会制度
(3) 德国职业足球俱乐部表决权与股权两权分离制度

一、德国足协会员代表大会制度

德国足协最初成立于 1900 年 1 月 28 日,负责德国各级别男女足国家队、德国足球丙级联赛(3. Liga)、女足联赛、业余足球俱乐部等管理工作。2000 年 9 月 30 日之前,作为世界范围内规模最大的单项体育协会,德国足协已然囊括 5 个大区足协(Regionalverbände)和 21 个州足协(Landesverbände)。伴随着德国职业足球"管办分离"改革成功实施,新组织范式下 18 家德甲联赛(Bundesliga)俱乐部和 18 家德乙联赛(2. Bundesliga)俱乐部自主成立联赛协会(Liga Fußballverband e. V.),以第 27 个成员协会的身份加入德国足协,如图 2−1 所示。会员代表大会(DFB−Bundestag)是德国足协的最高权力机构,被誉为"足球界的议会"。德国足协会员代表大会由以下会员参加:州足协代表、大区足协代表、联赛协会代表、主席团成员、董事会成员、荣誉会员、法务委员会成员、审计委员会成员、道德委员会成员等。与此同时,各参会主体拥有的票数如下:

1. 不莱梅足球协会(Bremer Fußball−Verband)、汉堡足球协会(Hamburger Fußball − Verband)、下萨克森州足球协会(Niedersächsischer Fußballverband)、石勒苏益格—荷尔斯泰因州足球协会(Schleswig−Holsteinischer Fußballverband):共计 22 票。

2. 柏林足球协会(Berliner Fußball−Verband)、勃兰登堡州足球协会(Fußball−Landesverband Brandeburg)、梅克伦堡-前波美拉尼亚州足球协会(Landesfußballverband Mecklenburg−Vorpommern)、萨克森—安哈特州足球协会(Fußballverband Sachsen − Anhalt)、萨克森州足球协会(Sächsischer Fußball−Verband)、图林根州足球协会(Thüringer Fußball−Verband):共计 20 票。

3. 巴登足球协会(Badischer Fußballverband)、巴伐利亚州足球协会(Bayerischer Fußball−Verband)、黑森州足球协会(Hessischer Fußball−Ver-

band）、南巴登足球协会（Südbadischer Fußballverband）、符腾堡州足球协会（Württembergischer Fußballverband）：共计 49 票。

4. 莱茵兰足球协会（Fußballverband Rheinland）、萨尔州足球协会（Saarländischer Fußballverband）、德国西南足球协会（Südwestdeutscher Fußballverband）：共计 12 票。

5. 中莱茵足球协会（Fußball-Verband Mittelrhein）、下莱茵足球协会（Fußballverband Niederrhein）、威斯特伐利亚足球和田径协会（Fußball-und Leichtathletik-Verband Westfalen）：共计 27 票。

6. 大区足协：各 2 票。

7. 联赛协会：共 74 票。

8. 委员会成员：各 1 票。

值得指出的是，在过去 30 年间，德国足协会员代表大会制度在德国足球治理结构两次实现根本性组织变革过程中，均发挥着重要作用。

其一，伴随着转播规划与技术创新，特别是在德国国内私人电视制度的合法化，公法电视与私人电视围绕足球联赛电视转播权展开激烈竞争。从德国单个职业足球俱乐部的视角出发，面对商业化的迅猛发展，俱乐部内部治理结构却仍然沿袭业余足球发展阶段的旧有模式。俱乐部内部治理残存的旧模式与商业化相碰撞所带来的直接后果便是，营收的显著增加严重影响了俱乐部财政稳定性和健康度。基于此，为解决上述问题，以进一步提升俱乐部财政表现，1998 年 10 月 24 日，德国足协代表大会投票表决通过，允许注册协会公司化运营。

其二，在德国足球治理整体图景中，处于金字塔塔尖的职业足球俱乐部一直承担着向身处金字塔塔基的业余足球俱乐部提供财政支持的重任。不仅如此，德国足协牢牢占据着德甲和德乙联赛控制权主体地位。德甲、德乙联赛职业足球俱乐部无法在较低委托代理成本下实现收益权保障。与此同时，其经济独立性和组织自主性同样备受挑战。基于此，2000 年 9 月 30 日，德国足协会员代表大会投票表决通过，允许德国足协实现联赛控制权让渡，德甲、德乙联赛职业足球俱乐部自主成立联赛协会,联赛协会将德甲、德乙联赛资源外包,成立联赛运营公司。同时,联赛运营公司与德国足协就改革后利益分配方案达成一致,方案内容包括成立德丙联赛以及每年足协均能获得比赛日收入分成等。

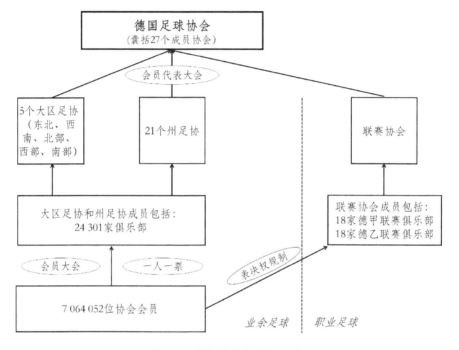

图 2-1　德国足协会员管理制度

二、德国业余体育俱乐部会员大会制度

德国是一个享有悠久结社传统的国家。"有三个德国人,就有一个协会。"德国民众自发成立的体育俱乐部是德国职业体育和精英体育发展的根基,也就是所谓的德国体育俱乐部体制。值得指出的是,同样也是学术研究中经常被误读的,德国很少有单独的足球俱乐部。换言之,德国业余足球俱乐部均是某一综合体育俱乐部的分支。以在德国甚至国际社会久负盛名的拜仁慕尼黑体育俱乐部为例,俱乐部所涉及的体育运动项目包括足球、篮球以及乒乓球,等等。单就乒乓球而言,杜塞尔多夫体育俱乐部不仅囊括目前身处德乙联赛的杜塞尔多夫足球俱乐部,而且包括

在德国国内被誉为"乒乓球国家队"的杜塞尔多夫乒乓球俱乐部。

普遍存在于德国社会各个角落、各个行业的协会均是"注册协会"（eingetragener Verein，e. V.）。享有结社权的德国民众可以自由结社，但必须在所属地区法院完成注册登记。为完成登记手续，需要向法庭递交一份经过公证的申请书。此外，注册协会与非注册协会的显著区别在于，协会注册后，其成员无须以属于自己的私产为协会做任何形式的担保。

此外，注册协会与中世纪封闭保守的行业协会二者之间的不同之处在于，前者是一个饱含民主和开放元素的组织，具体体现为民众加入协会和退出协会的自由以及协会相关事宜表决的民主性。前者说明注册协会以自愿入会为一般原则，后者则体现出注册协会在其内部治理过程中的民主性。具体而言，表决的民主性体现在缴纳会费的会员一人一票，由下到上的决策机制，即注册协会会员大会制度。借助于注册协会会员大会制度，缴纳会费的会员获得了直接参与俱乐部内部治理的途径。而这种直接参与方式将进一步强化会员对于俱乐部的身份和情感认同，加强会员对于俱乐部的心理所有权和主人翁意识，形成良性循环。特别地，这一特质同样对德国职业足球治理以及职业足球俱乐部形成稳定的球迷群体十分重要。

与注册协会会员大会制度相配套的是，业余俱乐部管理层的志愿属性。俱乐部管理层人员均是来自社会各个行业的志愿者，人员构成兼具非专业和志愿属性。这一结论同样适用于德国足协，这一世界范围内颇具影响力的单项体育协会，特别体现在德国足协与专业、非志愿属性人员构成的职业联赛运营公司的日常沟通中。职业联赛运营公司相关负责人甚至以德国足协青训负责人员的非专业和志愿属性为由，要求德甲、德乙36家职业足球俱乐部成立青年足球学院，列入每赛季俱乐部准入条款以搭建属于职业联盟自己的青训体系。就德国业余体育俱乐部会员大会制度而言，其在德国职业足球俱乐部内部治理过程中仍然扮演着不可或缺的角色，针对这一部分内容的阐述将在下文陆续展开。

三、德国职业足球俱乐部表决权与股权两权分离制度

诚如前述,伴随着转播规划与技术创新,特别是在德国国内私人电视台的合法化,公法电视与私人电视围绕足球联赛电视转播权展开激烈竞争。俱乐部内部治理残存的旧模式与商业化相碰撞所带来的直接后果便是,营收的显著增加严重影响了俱乐部财政稳定性和健康度。为解决上述问题以进一步提升俱乐部财政表现,1998 年 10 月 24 日,德国足协代表大会投票表决通过,允许注册协会公司化运营。注册协会公司化运营似乎与其非营利属性相悖,但是当我们对德国注册协会的非营利属性进一步探究时,不难发现注册协会的非营利性并不等同于注册协会所组织的活动不产生收入。值得肯定的是,注册协会多项活动均是有可能产生利润和收入的。但是,德国法律对注册协会非营利性属性的严格界定则要求注册协会无权对所获利润进行分配,只能继续投入到注册协会的运营中,即所谓的分配限制条款(the Articles of Distrubutional Constrains)。

除此之外,伴随着注册协会公司化运营改革落地,德国足球治理结构发生了翻天覆地的变化。如图 2-2 所示,原综合性、非营利性体育协会内部将职业足球队资源外包,下设成立职业足球俱乐部。值得指出的是,与注册协会的非营利属性不同,此处职业足球俱乐部则是完完全全遵循经济主导逻辑的营利组织。此时,德国职业足球治理看似和英超、法甲联赛类似,采取进取性治理范式,享受全球资本红利,在商业化迅猛发展背景下,将职业足球俱乐部向投资者开放。但是,作为典型的"规制型发达国家",德国在职业足球领域实行表决权与股权两权分离制度,以保证德国足球是"人民的游戏"而非资本逻辑的严格遵循者。

如图 2-2 所示,德国足协规定具备营利属性的职业足球俱乐部,其股份可以被出售给各类资本,但是必须建立在母体俱乐部会员享有至少51%表决权的基础上。特例在于,如果某一资本持续无间断支持某一职业足球俱乐部超过 20 年,则其不受上述规则规制。上述规定可进一步解

读为:拥有自治权的德国足协围绕职业足球发展制定规则,在俱乐部公司化运营的前提下,通过实现股权与表决权的两权分离,进一步确保德国职业足球发展以球迷为核心而非以资本为主导。当然,职业足球的大门并未完全向资本关闭。持续无间断资助俱乐部超过 20 年,无论是个人资本还是其他类型资本均可以获得俱乐部表决权。上述这一规定的利好在于:第一,有效维系着职业足球俱乐部与其母体注册协会之间的关系;第二,令德国职业足球俱乐部成为真正的家乡足球俱乐部,具备较强的社区属性;第三,掌握职业足球俱乐部表决权的协会会员通过直接或间接的方式参与职业足球俱乐部治理,具体体现在球票定价、球场站席保留等方面。

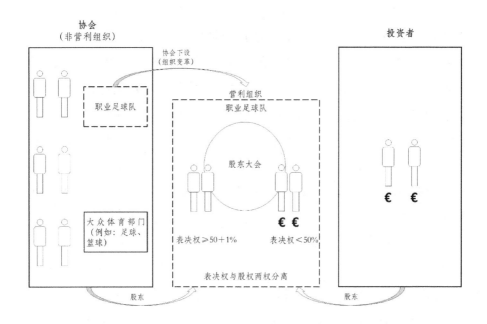

图 2-2　德国职业足球俱乐部表决权与股权两权分离制度

四、总结

本文重点论述了德国足协会员代表大会制度、德国业余体育俱乐部会员大会制度以及德国职业足球俱乐部表决权与股权两权分离制度。作为德国足协的最高权力机构,德国足协会员代表大会制度在德国足球治理改革与发展过程中发挥着不可或缺的作用。德国业余体育俱乐部会员大会制度是德国注册协会民主和开放特征的重要体现,即民众加入协会和退出协会的自由以及协会相关事宜表决"一人一票"的民主性。德国业余体育俱乐部会员大会制度成为注册协会会员直接参与协会内部治理的有效途径,而这种参与感进一步强化了缴纳会费的会员对其所在注册协会的情感和身份认同,形成良性循环。在德国职业足球治理领域,特别是在注册协会公司化运营的大背景下,德国职业足球俱乐部表决权和股权两权分离制度,进一步保证公共性生产。

最后,值得注意的是,作为宪法结社自由权的逻辑延伸,享有自治权的德国足协或者相关俱乐部对足球裁判腐败现象的治理仍然困难重重。就行业规定而言,依照德国民法第 25 条以及德国基本法的相关规定,具有权利能力的社团组织机构享有自治权,具体包括规章制订权和非法律惩罚权等。基于此,德国业余体育俱乐部或者德国足协作为完全自治的社团组织,可以在法律允许的范围内自主制定和实行各种各类规章制度。但是享有自治权的足球协会在解决裁判收受贿赂与索贿问题上收获甚微,纵然德国足协可以实施一系列例如警告、勒令退出比赛、罚款、撤职、扣分、吊销执照等制裁手段,这些手段的严厉程度无法与刑法典中涉及的自由刑和罚金刑相比。而且在上述不利条件下,一个涉嫌收受与索要贿赂的裁判依旧可以通过自愿退出协会或俱乐部的手段逃脱制裁。除此之外,德国足球协会在对裁判腐败或者类似案件进行调查试图对其实施"家法"的时候,缺乏必要的调查手段,如搜身、扣押财产以及电话监控等。值得注意的是,纵然德国的执法机关在立案调查时,可以采取上述必要的调查手段,但是如果比赛是在国外进行,执法机关有时也会无能为力。

2005 年德国足坛爆出霍伊泽丑闻案,由于收受克罗地亚赌球集团贿赂,霍伊泽在多场比赛中存在欺诈行为。例如,操纵德国足协杯比赛,甲级劲旅汉堡以 2:4 败于丙级的帕德伯恩。柏林州法院裁定主犯为指使霍伊泽操纵比赛的克罗地亚人安特沙皮纳因,通过贿赂裁判人为操纵比赛结果,即以欺诈、歪曲或隐瞒事实的方法,使得其他博彩公司陷入错误之中造成财产损失,因此其以欺诈罪被判处有期徒刑 2 年 11 个月。至于当值主裁霍伊泽,柏林州法院依据刑法典第 27 条:"对他人故意实施的违法行为故意予以帮助的是帮助犯,对帮助犯的处罚参照正犯的处罚",霍伊泽以帮助和教唆欺诈罪被判处 2 年 5 个月有期徒刑。整个案件审理过程中并未涉及霍伊泽接受克罗地亚赌博集团贿赂,定性为欺诈罪的直接原因在于法院认定克罗地亚赌球集团和裁判对广大投注彩民存在欺诈行为,定性依据为:第一,彩民投注行为是在比赛开始前;第二,比赛胜负赔率比赛之前已经定好;第三,彩民通常依据投注站显示的赔率决定购买行为。因此赌球集团联手裁判故意操纵比赛破坏比赛公正性可以将其认定为对彩民的欺诈。但是,回顾整个案件审理过程,关于年轻裁判霍伊泽收受贿赂克罗地亚赌球集团贿赂这一问题仍未从法律维度上得以解决。案件审理结束后,德国足协对于此贿赂事实的唯一反馈也仅限于在 2005 年 4 月 28 日召开会议,出台一系列禁止球员、官员和裁判赌球的行业规定。

第三章　日本足球协会会员制度概况

　　如图3-1所示,日本足协主要囊括J-联盟和国内九大地区足球协会。地区足球协会成员则包括都、道、府、县足球协会。本章内容试图在相对复杂的日本足协会员管理制度中,重点聚焦日本职业足球在起步阶段,由日本足协主导制订的职业足球联盟会员准入的五大标准,窥一斑而知全豹。在职业足球治理领域,逐一阐述与分析上述会员准入五大标准制订的历史背景、主要内容和潜隐逻辑。

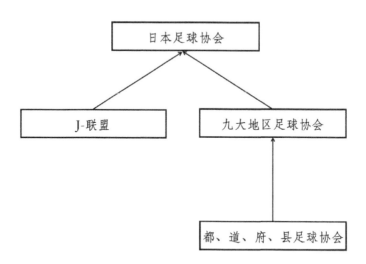

图3-1　日本足球治理组织体系

一、历史背景

20世纪50年代到90年代之间,日本体育发展方式主要依赖于企业运动队。甚至于以 Horne 和 Bleakley 为代表的学者将彼时日本体育这种发展方式高度概括为"公司业余主义"(Corporate Amateurism)。以尼桑(Nissan)和三菱(Mitsubishi)为代表的日本国内大公司向员工无偿提供体育相关服务。此时以公司为基础成立的公司足球队无一例外均是所在公司的下属部门,在德国足球治理实践中反复出现的社区属性在日本现代足球发展初始阶段并不存在。最初,公司向员工提供体育相关服务的初衷在于提振员工士气,促进员工与其所在公司之间建立身份和情感认同。然而,随着公司体育、公司间体育比赛的电视曝光率越来越高,公司体育发展与现代传媒共生的趋势愈发明显,公司向员工提供体育相关服务的目的悄然实现了向将公司体育代表队视为市场营销重要工具的转向。考虑到公司体育代表队的曝光率与竞赛成绩的优劣休戚相关,因此各公司下属体育部门在全国范围内网罗篮球、足球等项目精英运动员逐渐成为常态。

1965年,由各个公司足球队参加的日本足球联赛(Japan Soccer League)成立。值得指出的是,借助这一当时日本国内最高水平的足球联赛抑或足球竞技平台,日本国家男子足球队获得1968年墨西哥奥运会足球赛铜牌。在"公司业余主义"背景下,组成这支奥运铜牌队伍的队员均为业余足球选手。直到1986年,其中一些运动员方才被日本足协认定为职业足球运动员。在日本企业办足球发展模式下,公司足球队作为所在公司的下属部门,其发展所需资金均来源于母公司"输血"维持。在战后日本经济高速发展的大背景,以日本足协为首的各利益相关者决定成立一个全新的、由职业足球运动员和职业足球俱乐部组成的职业足球联赛J联赛。毋庸置疑的是,上述决定与共识的达成是建立在各利益相关者就日本经济高速发展常态化达成共识的基础上。然而,事与愿违,1991

年日本泡沫经济崩溃,经济发展进入低迷期,发展较为迟缓。但是组建职业足球联盟的决议与共识业已达成,且已经获得各大公司和各级别政府机构的支持。在此基础上,日本足协考虑唯有将职业足球联盟会员俱乐部准入的要求严格化与细致化,设置五大前置标准。以下围绕五大前置标准的内容和潜隐逻辑展开论述。

二、主要内容

由日本足协主导制订的职业足球联盟会员准入的五大标准如下:

第一,所有职业足球俱乐部必须是注册公司,且该注册公司必须以足球为主营业务,确保俱乐部职业化管理与运营。该职业足球俱乐部不再是任何公司的下属部门,也不受其他利益集团支配。

第二,所有职业足球俱乐部均不能将主场设立在东京。城市化是职业足球联赛创建的初衷。职业足球俱乐部必须与所在社区和当地政府之间形成较强的纽带关联。

第三,所有职业足球俱乐部的主场座席不少于 15000 个,并配备照明灯。

第四,所有职业足球俱乐部均需要下设预备队和三个年龄段梯队。

第五,所有职业足球俱乐部聘用的教练必须是持证上岗,且至少有 18 名签约球员。

日本足协主导制订上述职业足球联盟会员准入标准的过程充分体现出向日本职业棒球联盟"政策学习"过程。正如沃夫曼·曼泽瑞特研究指出甲子园棒球向民众展示演歌的世界,即象征着共同体理论所支配的"村落的社会",然而日本职业足球联赛则向民众展示了"都市"。当然,该政策学习过程不仅仅包括汲取和借鉴日本职业棒球发展成功经验,而且包括对日本职业棒球发展教训的深刻总结。具体而言,第一条标准同时要求俱乐部不能简单以主赞助商名称为自己命名,俱乐部不应该被简单视为母公司市场营销的手段之一,就像日本职业棒球俱乐部所经历的那样。职业足球俱乐部名称理应与其所在社区产生直接关联,而非俱乐部所有者或主赞助商,这一举措被日本足协视为发展稳定球迷群体不可或缺的关键环节。另外,向日本职业棒球联赛借鉴学习其电视转播权平均分配的做法,尽可能维系职业足球联赛竞争平衡。

三、潜隐逻辑

诚如前述,日本足协和各利益相关者产生组建全新的、由职业足球运动员和职业足球俱乐部组成的职业足球联赛 J 联赛的前提是,各方就日本经济高速发展常态化达成共识。然而,与各方高预期不匹配的是日本泡沫经济的波及性影响。作为对上述经济结构性变动的有效回应,日本足协进一步缩紧职业足球联盟会员俱乐部准入条款,设置五大前置标准。针对上述前置标准的主要内容展开分析,进一步将其潜隐逻辑归纳为以下两点:

(一)足球"工具化"倾向明显

在体育社会学研究视野中,足球"工具化"倾向是一个热门的研究问题。Kurscheidt 和 Deitersen-Wieber 研究指出如若将社会这一复杂的大系统简单分为政治子系统、经济子系统和体育子系统,那么经济子系统和体育子系统交汇处便存在着以体育竞赛表演业为主体的元素,其主要遵循市场主导逻辑,由此体育成为一国服务业发展的新增长点。政治子系统和体育子系统二者交汇处具体表现为政府以直接提供补贴或税收减免等方式,助力体育公共服务建设,减少民众体育公共服务参与成本,提升民众获得感和幸福感。政治子系统、经济子系统和体育子系统三者交汇处,体育"工具化"倾向(Instrumental Policy)最为明显,政府通过投资大型体育场馆,遵循经济子系统的运作方式,最终达到有效促进某一地区经济繁荣,就业机会以及居民收入水平显著增加的目的。此外,Wolfram 和 Horne 将研究视角转移至亚洲东部国家和地区,研究足球这一舶来品在中国、日本和韩国的工具化应用,在此基础上提出足球化(Footballization)的概念。

就日本而言,诚如前述,甲子园棒球向民众展示演歌的世界,即象征着共同体理论所支配的"村落的社会",然而日本职业足球联赛则向民众展示了"都市"。足球在日本,与日本城市化建设紧密捆绑。伴随着职业足球联赛 J 联赛的建立,足球充当城市再建、地域开发"催化剂"的角色。以在日本国内著名的鹿岛鹿角足球俱乐部为例,其竞技成绩屡创新高的同时,亦带来了日本国内"足球建造城市"的热潮。此外,沃夫曼·曼泽瑞特研究指出在日本"体育振兴城市"的全国计划中,足球扮演着类似排头兵的、不可或缺的角色。由此可以看出,与日本体育旧有的发展模式(公司办体育)不同,J 联赛成立的职业足球发展模式所强调的足球"工具化"重在挖掘足球的社会正性价值,侧重于足球与城市化、城市振兴等维度的紧密关联,而非被母公司简单视为商品精准营销的工具利器。因此,某种程度上而言,该研究背景下的足球"工具化"意图抑或倾向明显呈现出正面的意蕴。

大阪市政府入股大阪樱花足球俱乐部有限责任公司,福冈市政府成为福冈黄蜂俱乐部股东,甚至茨城县下属的五个城市市政府组成联合体共同出资成为鹿岛鹿角足球俱乐部有限责任公司的股东。埼玉县和埼玉市共同出资购买浦和红宝石足球俱乐部有限责任公司 160 股。阿玛拉(Amara)等研究指出,日本现行职业足球俱乐部治理模式可归纳为公司资本主义与政府合股模式(The Corporate Capitalism-Public Partnership Model)。当地政府或政府联合体的支持成为日本职业足球俱乐部财政收入主要来源之一。值得注意的是,当地政府的支持形式包括:提供资金、贷款、运营花费、场馆租赁费用折扣、提供人力资源和其他形式的支持。当地政府向职业足球俱乐部提供支持的原因包括提升当地体育文化的需要和所在社区发展的需要两部分。

(二)重视行业内经营,培育稳定的球迷群体

陆小聪等研究指出,在 J 联赛创立之初,日本足协和日本职业足球联盟便确立了"不过度依赖企业的经营思路"。因为正如前文所言,受日本泡沫经济的波及性影响,职业足球俱乐部经营不能简单仅仅依赖母公司输血。换言之,职业足球俱乐部不能呈现出与母公司紧密捆绑发展的态势。正如会员准入标准第一条所规定的,俱乐部必须是注册公司,且该注册公司必须以足球为主营业务,确保俱乐部职业化管理和运营。该职业足球俱乐部不再是任何公司的下属部门,也不受其他利益集团支配。强制要求 J 联盟所有职业足球俱乐部公司拥有自我造血的能力,而非过度依赖于来自母公司的无息借款(Soft Loan)。考虑到之前已经出现过的泡沫经济的波及性,重视行业内经营的日本职业足球俱乐部将进一步规避由经济发展大环境和因市场需求波动对母公司企业经营带来的负面影响。

考虑到俱乐部以足球为主营业务,那么球迷便是职业足球俱乐部所有利益相关者中最重要的一类。毋庸置疑的是,作为现代体育产业的核心要素,媒体版权最终需要球迷观看才能产生价值。球迷群体的数量以及特质成为赞助商是否选择与职业足球俱乐部联姻的重要指标,球迷是俱乐部比赛日收入以及相关衍生品销售的核心目标群体。球迷是职业足球俱乐部所有经营性收入的来源。基于此,陈文倩研究指出,日本职业足球发展借鉴德国模式,试图通过与所在社区建立紧密关联以达到培育稳定的球迷群体的目的。换言之,"地域化"俨然成为日本职业足球联赛治理的一个重要手段和方式。具体而言,由日本足协主导制定的职业足球联盟会员准入标准补充要求每个俱乐部必须拥有一个"主城"(Home Town)。"主城"这一概念的内涵和外延与主场完全不同。主城指的是俱乐部以总部所在区域为圆心,向周围城市与地区扩散,以形成属于自己俱乐部的主城。日本足协和日本职业足球联盟积极鼓励各俱乐部努力经营

属于自己的主城,与主城范围内的各级政府、居民培养感情,建立纽带联系,同时为主城经济社会发展作出力所能及的贡献。

纵然日本足协和日本职业足球联盟打造的"主城"的概念被视为俱乐部培育稳定球迷群体的手段和抓手,但不可否认的是,类似"地域化"和"主城"的理念与 2005 年由日本足协提出的《梦的宣言》中重点强调的"通过足球运动丰盈体育文化,健全民众身心""借助足球普及,使得体育融入民众日常生活,建构提升民众幸福感的生活环境"等是相契合的。

四、总结

某种程度上而言,德国足球治理和日本足球治理具有相似之处。德国足球在经历基尔希媒体集团破产,日本足球在遭受 20 世纪 90 年代日本泡沫经济波及后,均意识到俱乐部行业内营利方式的重要性。与公司足球队发展模式下的营销工具属性截然不同,足球在日本社会工具价值显现,呈现出与城市化进程和城市振兴深度融合。由日本足协主导制订的职业足球联盟会员准入标准要求所有职业足球俱乐部必须是注册公司,且该注册公司必须以足球为主营业务。与此同时,所有职业足球俱乐部均不能将主场设立在东京。重视行业内经营的日本职业足球俱乐部,将"地域化"和"主城"视为俱乐部内部治理以及培育稳定的球迷群体的重要手段和方式。日本职业足球"主城"的概念与德国"家乡足球俱乐部"相类似,均是以俱乐部总部所在地为圆心辐射周边居民。德国足球治理和日本最大的不同之处在于,日本各级政府甚至各级政府之间组成共同体共同出资成为职业足球俱乐部股东,以提供资金、贷款、运营花费、场馆租赁费用折扣、提供人力资源和其他形式支持着"主城"内的职业足球俱乐部。日本职业足球做到了既能利用社会支持力量又不至于失去自身的自主性,维系着正常的足球产业运营生态。

第四章　法国足球协会会员制度概况

伊斯塔木(Eastham)将法国体育发展方式定性评价为西方欧洲国家中受政府干预程度最严重的国家。从法国政府的视角出发,其将体育运动视为公共服务供给的重要内容,试图通过制定、出台一系列法律法规以保证私人利益无法凌驾于公共利益之上,以及规制以资本为核心的生产方式。特别地,在法国职业足球治理领域,即便法国足协将法国各级足球职业联赛的控制权和管理权通过委托代理的方式转移至法国职业足球联盟。但是当我们细究法国职业足球联盟的发展宗旨时,不难看出其对职业足球的教育功能、职业足球俱乐部的非营利属性以及职业足球公共性建构的侧重。就职业足球治理而言,与德国职业足球治理实践截然不同的是,法国政府对职业足球发展"强干预"的初衷并不在于摒弃强势行业或企业破坏足球产业自身的生态,而是重点突出强调体育与职业化、商业化发展之间的应然边界,由此以塞诺(Senaux)为代表的法国(职业)足球治理研究专家将这种现象高度总结概括为受规制的商业化发展路径(Regulated Commercialization)。回到法国政府强干预的初衷这一研究问题,伊斯塔木(Eastham)研究指出法国政府对于体育公共服务以及公共价值的强调或许可归因为受到奥林匹克主义(Olympism)的深刻影响,把体育运动与文化和教育相融合,谋求创造一种以奋斗中的快乐、发挥良好榜样的教育作用以及社会责任并尊重基本公德原则为基础的生活方式。

从最新数据上看,法国足球协会会员人数达到 2 100 000,其中女性会员数为 176 000。法国足协注册球员总数为 1 790 000,其中女性运动员达到 138 000。注册持证教练员 38 000 名,其中 1600 名为女性。法国足协拥有 15 000 家业余足球俱乐部,每周末可组织 30 000 场足球比赛。法国整个足球治理体系共计囊括 400 000 位志愿者。本部分围绕法国足协会员管理制度的论述将进一步围绕以下四部分内容逐一展开:

1. 法国足球治理组织体系概述
2. 法国政府的角色定位
3. 会员俱乐部的法律地位
4. 会员俱乐部财务监管机制

一、法国足球治理组织体系概述

法国国内获得官方承认的足球比赛共计 11 个级别,从地区冠军到法国足球甲级联赛(Ligue 1)。按照惯例,比赛从每年的八月份或九月份开始,一直持续到第二年的五月份。其中冬歇期(圣诞假期)只有 2 周的时间。尽管国家级的法国足球协会负责全国足球比赛的组织与管理工作,但是法国足协还是决定通过委托代理的方式将法国足球甲级联赛和法国足球乙级联赛(Ligue 2)以及联赛杯赛事的组织管理工作转交至法国职业足球联盟。法国足协则主要负责法国杯赛事(Coupe de France)以及法国男女足各级国家队的组织管理与协调工作。

就本质上而言,法国足协是一个非营利社团组织,接受来自政府的委托,主要负责在法国境内组织、推广足球运动。法国足协代表大会主要由各个会员俱乐部的代表组成。某种程度上而言,法国足协代表大会拥有对所有法国足球事宜的最终决定权。但是与法国职业足球发展休戚相关的决定需要先获得法国职业足球联赛委员会的首肯。就法国足协代表大会的人员参与构成而言,相对较小规模的业余足球俱乐部获得 63% 的投票权,参加全国三级业余足球联赛的俱乐部拥有 8% 投票权,以沙滩足球为代表的其他类别足球俱乐部拥有 4% 投票权。就法国职业足球会员俱乐部而言,它们拥有 25% 投票权。其中,法甲各俱乐部占 60%,法乙30%,独立代表 10%。由此可见,与德国职业足球治理实践类似,职业足球与业余组织具有天然的利益冲突,而这种利益冲突的解决往往因为业余足球话语权占据压倒性优势,直接导致职业足球俱乐部利益受损。法国足协代表大会以四年为一个周期,投票产生代表大会委员会相关人员。值得指出的是,这一委员会的人员构成不仅仅包括来自业余足球俱乐部和职业足球俱乐部代表,而且也包括教练员、裁判员、职业球员、精英运动员、女性会员以及医务人员代表。最终再由委员会选举产生 9 名代表组成董事会。除去法国职业足球俱乐部代表,法国足协代表大会的剩余代表将投票选举产生业余足球联盟董事会以及董事会主席,负责全面组织、协调区域和地方足球联赛。与职业足球联盟相对应,该业余足球联盟是一个相对较新的组织机构,成立于 1995 年。

在职业足球治理领域,法国职业足球联盟是一个在法国足协授权下成立的非营利组织。尽管它是一个拥有自治权的组织实体,但是与上文中提到的业余足球联盟一样,它们均是法国足球的下属组织机构。值得指出的是,就法国职业足球联盟而言,尽管它的会员组成均是职业足球俱乐部,但是它从本质上而言并非是俱乐部的联合体。因为直观来看,法国职业足球联盟董事会 25 位代表名单包括法国足协代表、球员代表、教练员代表、裁判员代表、行政人员代表、医务人员代表、独立会员、法甲俱乐部主席、法乙俱乐部主席以及俱乐部联合会(Union des Clubs Professionals de Football)主席。

二、法国政府的角色定位

正如在本部分前言中所提到的,就法国大部分社会事件而言,政府的角色定位是不应该、也无法被忽视的。法国政府对本国足球发展的强干预同样可以解释,为什么 2010 年南非世界杯法国男足国家队小组赛 3 场比赛难求一胜,小组排名垫底出局之后,包括法国青年和体育部以及法国总统萨科齐在内的政府官员均要被问责。国际足联对法国政府对本国足球发展的强干预表示严重谴责。依照法国法律,政府有责任提升国民整体幸福感和不同性别、不同种族的社会融入。基于此,法国青年和体育部便获得了在法国国内发展体育运动,促进国民健康,受教育程度和社会团结的合法性地位。法国各级地方政府同样也会理所应当地直接参与到地方体育运动的发展过程中,包括为大部分法国职业足球俱乐部提供主场场地,通过当地足协为地方足球发展提供补贴以及直接向以国家体育基金为代表的公共组织机构提供财政支持。值得指出的是,法国各级政府支持足球发展的资金主要来源于以 Loto sportif 和 National Lottery 为主的两大彩票公益金。

法国将体育视为公共服务重要组成部分的另外一个法律依凭来自法国 1901 非营利社团法的颁布。这部法律在保障法国公民自由结社权的同时,成功将足球这项运动转变为公民民主表达以及身份认同的重要抓手而非追逐利益的营利行为。具体而言,法国政府将体育视为公共服务重要组成部分的原因在于体育,抑或更笼统的身体活动概念与教育、文化、社会融入以及社会生活紧密关联。诚如前述,受到奥林匹克主义(Olympism)的深刻影响,把体育运动与文化和教育相融合,谋求创造一种以奋斗中的快乐、发挥良好榜样的教育作用以及社会责任并尊重基本公德原则为基础的生活方式。

三、会员俱乐部的法律地位

一直以来,足球俱乐部在法国被界定为非营利组织。但是从 20 世纪 70 年代开始,法国国内顶级俱乐部增加的预算以及职业足球商业化的迅猛发展对于会员俱乐部旧有的法律地位提出了新的挑战。1975 年,法国国内足球俱乐部被允许成立一个半公共公司,由当地政府和母俱乐部共同持股。从当地政府的视角出发,其不仅向辖区内足球俱乐部提供训练和比赛场地,与此同时亦为俱乐部发展提供大量补贴,以提升俱乐部所在城镇或地区形象。法国当地政府的这一方式方法与地点营销(Place Marketing)相契合。1975 年,就法国最高级别的职业足球联赛而言,大约占比 30%的法甲俱乐部的主要收入来源是当地政府的补贴,而且是在不计算公共体育场地设施(免费)使用成本的基础上。

然而,在法甲球队圣埃蒂安职业足球俱乐部行贿丑闻爆出后,法国1984 年以第 84—610 号法的形式颁布了《组织和促进法国大众和竞技体育运动法》。该法案强制要求达到一定销售额和薪资的非营利属性职业足球俱乐部成立有限责任公司,以职业的方式运营和管理足球俱乐部。考虑到有限责任公司在法国每年需要公布收支账目。因此,该法案的颁布被认为是提升职业足球俱乐部内部治理的有效手段。尽管通过该法案的颁布,法国足协会员俱乐部获得了有限责任公司这一法律地位。但是该法案进一步要求母体俱乐部必须持有俱乐部有限责任公司一半以上股份。1992 年,这一强制性股份要求降低至 33.3%。但是尽管俱乐部获得了有限责任公司这一法律地位,与德国职业足球治理实践类似的是,法国职业足球俱乐部有限责任公司同样受到分配限制条款的规制。基于此,法国职业足球俱乐部的最终定位是非营利属性的有限责任公司。以法国足协主席和足协代表大会多数代表均对会员俱乐部的这一定位表示高度赞同,指出这一规定有效帮助法国职业足球进一步明晰了自身的商业化边界。

四、会员俱乐部财务监管机制

欧洲范围内职业足球俱乐部长期面临着运营成本过高,整体运营压力过大等现实问题,法国职业足球俱乐部也不例外。法国足协早于 1990 年便已经着手开始搭建法国职业足球俱乐部财务监管机制,防止因为俱乐部破产导致赛季中途退出等影响法国职业足球可持续发展的负面事件发生。世界范围内而言,法国足协是第一家建立会员俱乐部财务监管机制的国家级足球协会。这一财务监管机制建立的缘由在于，从1987年到1990年四年间，法甲、法乙职业联赛多达14家职业足球俱乐部申请破产。相较于申请破产的职业足球俱乐部，更多的法国职业足球俱乐部入不敷出，向地方政府提出帮助偿还抑或免除债务的请求。某种程度上而言，法国职业足球俱乐部的这一请求直接意味着法国纳税人为法国职业足球债务买单。由此，法国足协牵头成立管理控制委员会（la Direction National de Controle De Gestion，DNCG）。该管控委员会的主要职责是审计调查法国国内各职业足球俱乐部账目，确保各职业足球俱乐部财政收支平衡，以杜绝非法付款、假账以及逃税漏税等乱象。该管控委员会有权力亦有责任禁止某一职业足球俱乐部任何一笔新的、可能导致俱乐部财政收支不平衡的开支。伊斯塔木（Eastham）调查指出因为未通过管控委员会关于俱乐部财政表现的审核而被勒令取消转会申请的案例不胜枚举。

五、总结

首先，单就法国、德国和日本三国足球治理的横向对比而言，如果说德国和日本各处天平的两端，那么法国则游走于中间。德国政府和日本政府均承认足球运动巨大的社会正性价值，换言之，足球的"工具性"倾向在德国和日本社会同样十分明显。但是相比于德国政府和日本政府，法国政府则明显过犹不及。坚持足球、职业足球的公共性生产，侧重强调足球与文化和教育相融合，谋求创造一种以奋斗中的快乐、发挥良好榜样的教育作用以及社会责任并尊重基本公德原则为基础的生活方式。正如前文所言，日本政府同样十分认同足球的社会聚合性，陆续提出以"体育振兴城市"为代表的口号或宣言。在职业足球俱乐部内部治理过程中，日本各级政府甚至不同级别、同一级别政府的联合体共同出资购买日本职业足球俱乐部公司股份，成为股东。然而就德国各级政府而言，其补贴对象则主要是业余足球俱乐部而非职业。在德国体育子系统和经济子系统交汇处,德国体育竞赛表演业则主要遵循市场主导逻辑。

其次,就处理职业足球俱乐部与资本二者之间的关系而言,法国政府纵然通过法律法规的制定与颁布就会员俱乐部的法律地位一再变更。但与德国职业足球治理相比,其弊端明显。德国足协通过实现俱乐部表决权与股权两权分离,确保以资本为核心的生产方式无法占据主导地位,而这一结果恰恰是法国职业足球治理所希冀达成的目标。纵然通过法律规制法国各级政府组织抑或母俱乐部至少拥有法国职业足球俱乐部有限责任公司 33.3%股份,但这仍然无法规避以资本为核心的生产方式(长期)占据俱乐部控制权主体地位。如若后者占据主导地位,即便辅之以分配限制条款,足球在法国某种程度上而言已然不再是人民的游戏,与法国政府和法国足协为法国职业足球联盟设定的组织目标渐行渐远。

第五章　希腊足球协会会员制度概况

　　1896 年雅典奥运会促成了希腊第一个全国性体育协会 SEGAS 的出现。SEGAS 的组织目标在于支持和协调希腊国内成立的各体育俱乐部利益。20 世纪 20 年代末到 30 年代初,包括足球在内的各单项体育运动项目纷纷脱离 SEGAS,成立各单项体育运动协会。在这一阶段,各单项协会会员俱乐部无一例外均是非营利组织。俱乐部日常管理人员来自社会各行各业的志愿者,非营利俱乐部以各自单项运动协会发放的财政补贴为主要资金来源。希腊足球协会(Hellenic Football Federation, HFF)成立于 1926 年,次年加入国际足联,成为国际足联会员,并于 1954 年加入欧足协。1957 年,希腊足协在一个半职业背景下成功组建了希腊国内第一个由 18 支参赛球队组成的希腊国家足球联赛(A Ethniki)。一年后,希腊足球预测组织(Organization of Football Prognostics, OPAP)成立,该组织的成立对希腊各个时期、各个阶段的体育发展均至关重要。值得指出的是,希腊足球预测组织是一个由政府授权的(政府占股 34%)、具备私有属性的组织实体,负责运营包括体彩在内的各类希腊彩票销售。希腊足球预测组织的组织宗旨是为希腊体育发展以及希腊国内体育基础设施建设提供资金支持。目前,希腊足球预测组织仍是希腊职业足球(超级)联赛最重要的赞助商之一。1967 年,一个独立的希腊足球裁判协会成立。1969 年,希腊国内第二级别联赛(B Ethniki)成立。1976 年,泛希腊足球运动员协会(Pan-Hellenic Football Players Association, PSAP)成立以保护希腊国内第一、第二级别联赛男性足球运动员的个人以及集体利益。随后,在 1985 年,希腊足球教练员协会(Football Coaches' Association, OPPE)成立。希腊足协负责希腊女子足球联赛运营以及希腊女足国家队的管理工作,二者均创建于 1990 年。

一、会员俱乐部的法律地位

1974 年希腊议会民主制度的建立被认为是现代希腊社会政治历史发展的转折点。真正意义上告别过去,拥抱"新民主"。从 1974 年到 1981 年间,旨在重新恢复民主自由的"新民主"党执政期间,起草制定并颁布实施了与希腊足球组织机构法律地位相关的 789/1979 法律。以迪米特罗普洛斯(Dimitropoulos)为代表的希腊足球研究学者将该部法律视为希腊足球发展的基石,因为 789/1979 法律赋予了体育商业化、体育公司化合法性地位。789/1979 法律的颁布意味着希腊职业足球俱乐部必须组建成立有限责任公司。希腊各个职业足球俱乐部成立的职业足球俱乐部有限责任公司联合在一起,成立联赛协会(the Union of Professional Football companies, EPAE)。此外,该法案同时强制要求在体育商业化、体育公司化发展背景下,体育俱乐部的名称、传统球衣颜色等文化性元素不能被随意更换。新成立的职业足球有限责任公司需要遵守希腊发展部(the Ministry of Development)对希腊国内其他行业所成立的有限责任公司一样的要求,即每年公布公司账目明细和财务收支表。

20 年后的补充法案强制要求上述成立的有限责任公司的母体,即职业足球俱乐部,必须持有职业足球俱乐部有限责任公司 10%的股份。此外,补充法案规定无论哪一类利益相关者占据职业足球俱乐部有限责任公司控制权主体地位,在其经营不善、宣告破产的情况下,面对破产清算时俱乐部所拥有的体育设施将受到法律保护。就希腊职业足球俱乐部有限责任公司日常运营而言,补充法案强制要求俱乐部有限责任公司需要将比赛日门票收入的 10%无偿分配给母俱乐部。

二、希腊政府的角色定位与希腊足球治理组织
    体系概述

希腊政府在国家层面设立体育总秘书处（General Secretariat for Sport），体育总秘书处在希腊文化和旅游部（the Ministry of Culture and Tourism）和48个国家级单项体育协会之间充当桥梁作用。亨利（Henry）等研究指出希腊体育总秘书处这一组织实体运转所需资金的主要来源是中央财政。值得指出的是，其从中央财政所获得的资金支持，大部分均流向希腊足协。就希腊足协而言，该组织运转所需的其他资金来源则主要依靠前文中提及的希腊博彩公司。希腊足协肩负着在国家层面组织各类、各级别足球比赛的重任以及将相关组织责任通过委托代理的方式转交至地区足协，以协调地区足球比赛以及（校园）足球运动的普及工作。从某种意义上而言，地区足球协会是希腊足协最为重要的会员协会。从地区足球协会的视角出发，它们的会员身份来源于希腊足协的批准。根据希腊足协估计，希腊全国共计拥有 2 000 000 名注册足球运动员，其中希腊人占比20%。希腊足协拥有5773家足球俱乐部，其中70%的足球俱乐部参加各种级别的获官方承认的希腊足球赛事。上述这些足球俱乐部均是希腊53个地区足球协会的会员。各地区协会代表投票选举产生希腊足协主席和执行委员会委员。顶级职业足球联赛的主席则默认由足协第一副主席任命。联赛协会代表投票选举产生希腊足协委员会21名成员中的5位。

纵然希腊足协全权负责希腊足球运动整体发展和资源配置方向，但是希腊政府从未放弃过干预甚至试图主导、控制希腊足球整体发展方式与方向。严格依照安纳诺斯托普洛斯（Anagnostopoulos）在其所撰写的英文章节中的详细阐述，时任希腊文化和旅游部部长乔治·奥法诺斯（Georgios Orfanos）希望通过以起草、制定和颁布补充法案的方式彻底改变希腊足协主席的选举方式，对希腊足协内部治理实施强干预。诚如前

文所述,旧模式下,希腊足协主席由 53 个地区足协投票选举产生,每个地区足协只能派出一位代表参与投票。奥法诺斯(Orfanos)主导制定的补充提案提出希望可以允许每个地区足协派出不止一名代表参与投票。实际上,根据希腊国内主流媒体在选举开始前期提供的证据显示,奥法诺斯(Orfanos)希望通过立法改变希腊足协主席的选举方式,以达到帮助自己力荐的竞选人维克多·米特罗普洛斯(Victor Mitropoulos)击败瓦西里奥斯·加加西斯(Vasilios Gagatsis)当选希腊足协主席的目的。奥法诺斯(Orfanos)与米特罗普洛斯(Mitropoulos)同属新民主党,而加加西斯(Gagatsis)属于 PASOK。然而,事与愿违,最终由于时间原因补充法案未能得以贯彻实施。在旧有的选举体制下,加加西斯(Gagatsis)顺利当选希腊足协主席。米特罗普洛斯(Orfanos)反击的方式便是通过体育总秘书处撤回了政府对希腊足协的所有资金支持。时任希腊足协副主席的瓦西里奥斯·加加西斯(Vasilios Gagatsis)在成功当选后,向国际足联就希腊政府干预希腊足协内部治理事宜表示强烈谴责。基于此,国际足联要求希腊政府必须修改相关威胁到希腊足协自治地位的法律,进一步明确足球与政治二者之间的边界。否则希腊足球将会遭到全球禁赛,包括各级男女足国家队、俱乐部比赛以及所有国际正式比赛。

在来自希腊职业足球俱乐部有限责任公司、球迷、地区足协巨大的社会压力以及来自反对党的政治压力面前,奥法诺斯(Orfanos)通过制定补充法案的方式使得由其本人主导推出的选举系统变得可有可无(Optional)。然而,单从希腊足协的角度出发,如果希腊政府遵从国际足联的要求,修改法律保障自身自治权实现,将直接意味着其每年接受的政府拨款失去了合法性依凭。最终由希腊总理牵头制定补充法案,在明确提出希腊足协主席选举机制仍然按照旧有模式,不必执行由奥法诺斯(Orfanos)牵头制定的补充法案的基础上,希腊足协每年接受政府拨款仍具备合法性。

正如前文针对"法国足协会员管理制度"部分的论述,就法国职业足球治理而言,法国足协与法国职业足球联盟二者之间是委托代理关系。

换言之,法甲、法乙职业联赛的控制权仍然由法国足协掌握。这与德国职业足球治理实践截然不同,虽然从表面上来看,德甲与德乙的联赛也是由联赛运营公司负责运营。但是,德甲与德乙联赛的控制权牢牢掌握在由36家德甲、德乙职业足球俱乐部自主成立的联赛协会手中。换言之,德国足协实现了德甲、德乙联赛控制权让渡,而控制权让渡绝不等同于委托代理关系。回到希腊职业足球治理研究,在旧有模式下,希腊足协将希腊职业足球的管理运营工作委托至希腊联赛协会(EPAE)。但是在2006年,当时希腊国内第一级别联赛俱乐部公司提出脱离EPAE,成立新的联赛协会。这一提议最初由 AEK·雅典(AEK Athens)、斯柯达·赞西(Skoda Xanthi)和帕纳辛纳克斯(Panathinaikos)三家俱乐部联合提出。上述三家俱乐部一致认为希腊民众已然产生了对于更高级别、更高竞技水平的职业足球比赛的强烈需求。因此,希腊职业足球有必要成立一个脱离希腊联赛协会(EPAE)的独立组织实体。值得指出的是,上述三家俱乐部试图组织成立的新联赛协会是一个营利组织,而这与旧有的希腊联赛协会(EPAE)非营利属性截然不同。安纳诺斯托普洛斯(Anagnosto-poulos)研究指出,对于希腊国内顶级足球俱乐部而言,2006年是一个非常合适的新旧组织范式改革契机,考虑到希腊男足国家队夺得2004年欧洲杯冠军以及2004年雅典奥运会的举办,上述三家俱乐部提出为希腊职业足球创造一个更加商业化的发展环境是合乎逻辑且有说服力的。

在对新职业联赛的日常运营与管理规章制度达成一致的基础上,希腊新职业足球联赛的运营组织机构于2006年7月20日成立。考虑到新成立的职业联赛可能带来的潜在商业利益,希腊足协原则上同意这一新职业足球联赛的成立。值得指出的是,新成立的职业足球联赛与希腊足协之间的关系依旧是委托代理关系,仍旧未实现联赛控制权让渡。从此以后,希腊足球存在两个获得希腊足协官方认可的联赛协会:超级联赛(Super League)由16支球队组成和职业足球联赛协会(Union of Profes-sional Football B&T)。后者负责运营管理两个低级别的联赛:由18支球队组成的希腊甲级足球联赛(Football League)和由34支球队参加的希腊乙级足球联赛(Football League 2)。希腊足协原则上同意这一新的职业联赛成立的另外一个原因在于,超级联赛协会承诺向职业足球联赛协会发展提供资金支持。

三、会员俱乐部财务监管机制

2002年,希腊足球协会职业足球俱乐部准入委员会(EEA)成立,其是一个直接对希腊文化和旅游部负责、独立的组织实体。该准入委员会由两个专家小组组成,共计14人。上述专家小组成员包括:法律专业的专家教授和体育经济管理方向的专家教授。希腊足球协会职业足球俱乐部准入委员会(EEA)要求所有的希腊职业足球俱乐部成立的有限责任公司在每赛季联赛开始前,向其提交以下三份文件:新赛季的预算以及预算总额10%的保证金;相关税务和养老金支付证明或与利益相关者就问题的解决所达成的协议;球员工资以及第三方(供应商和合作伙伴)费用的支付证明或与利益相关者就问题的解决所达成的协议。值得指出的是,如若某家希腊职业足球俱乐部成立的有限责任公司无法提供上述三份文件,或者提交的上述文件未能顺利通过希腊足球协会职业足球俱乐部准入委员会(EEA)审核,则希腊足球协会职业足球俱乐部准入委员会(EEA)有权力叫停该俱乐部当赛季所有球员转会申请以及禁止俱乐部参加各个级别的比赛。尽管希腊足球协会职业足球俱乐部准入委员会(EEA)是一个直接对希腊文化和旅游部负责、独立的组织实体,但是该组织机构没有扣除相关职业足球俱乐部联赛积分或者勒令俱乐部降级等权力。上述权力仍全部集中于希腊足协。

然而,现实情况是,尽管希腊职业足球早于2002年便已经组织成立了希腊足球协会职业足球俱乐部准入委员会(EEA),但是这一举措仍未能缓解希腊职业足球俱乐部财政入不敷出的窘境。2010年3月,希腊财政部向议会提交一份调查报告,该报告指出包括希腊足球、篮球和排球在内的职业联赛俱乐部负债已经达到2.22亿欧元之巨。其中单就希腊超级联赛 9 家俱乐部有限责任公司而言,其负债额已然高达 1.335 亿欧元。基于此,作为一个直接对希腊文化和旅游部负责的、独立的组织实体,希腊文化和旅游部对希腊足球协会职业足球俱乐部准入委员会(EEA)展开深入调查。深入调查发现,希腊足球协会职业足球俱乐部准入委员会(EEA)不仅对希腊职业足球俱乐部有限责任公司各种违规操作熟视无睹,甚至直接参与到有限责任公司的违法行为。值得指出的是类似现象在希腊社会其他行业同样时有发生。

四、总结

德国、法国、日本和希腊四国职业足球治理的相似之处在于国内联赛的职业足球俱乐部(有限责任)公司均以俱乐部为母体,也均要求母俱乐部必须在新成立的有限责任公司中持有一定股份。希腊政府通过法案的制定同样对俱乐部有限责任公司面临破产清算时,对俱乐部的基础体育设施加以保护。与德国职业足球治理实践类似,希腊新成立的俱乐部有限责任公司、母体俱乐部、希腊足协三方达成了利益均衡协议。例如,新成立的俱乐部有限责任公司将每赛季门票收入的 10% 分配给母体俱乐部以及新成立的超级联赛协会为旧有的职业足球联赛协会发展提供资金支持。然而,希腊足球发展存在的最大问题便是,纵然三方达成了利益均衡协议,但是获利方撕毁协议、拒绝履行协议的现象频发。例如,2009 年 3 月,雅典 AEK 足球俱乐部控告俱乐部有限责任公司拒绝履行每赛季门票收入 10% 的分配协议。在实际操作中,雅典 AEK 足球俱乐部有限责任公司另外成立以球票销售为主营业务的公司,将几乎所有比赛日门票低价售卖给该公司,由该公司再高价将球票卖出。此外,旧有的职业足球联赛协会多次罢工以抗议新成立的超级联赛协会未按双方达成的协议提供资金支持。正如安纳诺斯托普洛斯(Anagnostopoulos)在其所撰写的英文章节开头中所指出的,希腊足球发展所面临的最大问题是,希腊足球依凭自身广大的民众基础,使得相关的官方、非官方组织机构在面对希腊足球违规甚至违法行为时,采取从轻处罚甚至免于处罚的态度。最后,就希腊政府对足球甚至体育发展的干预而言,奥法诺斯(Orfanos)事件直接导致希腊(业余)草根足球长达三年持续无法得到任何来自政府的财政支持,希腊(业余)草根足球发展举步维艰。

第六章　美国足球协会会员制度概况

第一节　美国足球协会的章程与会员制度

1913年,美国足球协会(US Soccer)成立,该协会是世界上最早隶属于国际足球联合会(FIFA)的组织之一,现已发展成为足球运动组织的领导者之一。美国足球协会经历了100多年的发展,组织名称经历了三次演变:美国足球协会(1913—1944),美国国家足球协会(1945—1973),美国足球联合会(1974—　)。美国足球联合会(USSF)的基本准则是:《美国足球联合会章程》和《美国足球联合会政策手册》,其中包括了详细的会员制度。

一、美国足球协会概况

美国足球联合会(USSF)在美国国税局(IRS)税法中指定为非营利组织,致力于发展足球运动、改变人们生活、激发民族热情,致力于帮助培养世界一流的球员、教练和国家队。美国足球联合会(USSF)每年召开股东大会(AGM),该会议是美国足球的全国性会议,也是美国足球联合会的最高决策会议,包括董事会会议和全国理事会会议,作为美国足球管理的最高机构,美国足球联合会(USSF)在制订美国足球战略方面发挥了不可或缺的作用。美国足球联合会(USSF)的使命简单明确,即"使各种形式的足球成为美国的一项重要运动,并在所有娱乐和精英水平上持续发展足球。"

(一)美国足球协会的发展策略

美国足球联合会(USSF)为促进足球发展,制订并推行了一系列措施,包括建立足球发展学院、设立俱乐部发展部、加强教练员教育、重视人才的挖掘和培养、规范裁判行为和程序、规范化管理等,政策效果较好,促进了美国足球的发展。

第一,美国足球联合会(USSF)建立足球发展学院。学院致力于营造有利于俱乐部发展的环境,以最大限度地帮助全国青年球员的发展。该学院重视精英球员的个人全面发展,而不是局限于赢得奖杯和冠军头衔。该学院为全国青少年足球俱乐部树立了标准,影响着成千上万名足球球员。

第二,美国足球联合会(USSF)设立俱乐部发展部。为了与美国足球的宗旨和目标相一致,美国足球于2018年成立了俱乐部发展部。俱乐部发展部与美国足球协会合作,支持所有俱乐部的发展,努力为球员发展创造最佳环境。

第三,美国足球联合会(USSF)注重加强教练教育。通过创建最先进的在线教育平台——美国足球数字教练中心(DCC),教练们可以参加在线课程、制订会议计划、创建个人资料、与技术人员交流,等等。

第四,美国足球联合会(USSF)重视人才的挖掘和培养。通过整体教育、身份识别和俱乐部推广来扩展和改善球探网络,找到最有才华和潜力的青年球员,扩大青年国家队的球员群,打造美国足球的未来。

第五,美国足球联合会(USSF)注重规范裁判行为和程序。美国足球致力于提供各种裁判教育资源,以支持全国大约14万名会员,为各个级别的业余比赛提供服务。

第六,美国足球联合会(USSF)关注比赛安全。美国足球联合会致力于促进所有年龄段的足球运动员的安全比赛,在医学专家的帮助下,为教练、运动员、父母和裁判员提供信息、指导和其他材料,以预防和管理伤害事件。

第七,美国足球联合会(USSF)致力于推动女子足球发展。受美国女子足球国家队的启发,美国足球联合会制订了"She Believes"计划,旨在鼓励年轻女性为实现自己的梦想而运动,该计划最初是在2015年女足世界杯前夕发起的,现已发展成为美国足球与球迷之间的特殊纽带。

(二) 美国足球取得的成就

得益于以上策略,美国足球发展取得了惊人的成就。

首先,从1990—2014年,美国足球国家队连续参加世界杯,在其会员的支持和强大的组织能力下,美国还举办了三届世界杯。在2004年奥运会之前,美国足球国家队计划已经连续19次获得国际足联户外世锦赛的资格。

其次,在职业足球方面,美国职业足球大联盟(Major League Soccer, MLS)越来越受欢迎,现在拥有26支球队,收视率一直是上升趋势。随着美国足球联赛的发展,男子比赛逐渐发展为多层次和多元化的格局。许多MLS团队拥有USL分支机构,极大地促进了球员的职业发展。

再次,在女子足球方面,美国足球联合会(USSF)于2013年启动了全国女子足球联盟的比赛。美国足球联合会(USSF)补贴多达24名USWNT球员的薪水,而加拿大足球协会(Canadian Soccer Association)则为16名球员提供薪水。美国足球在各个级别的女子足球比赛中均处于世界领先地位,美国女子足球已经赢得了四届国际足联女子世界杯和四枚奥运金牌,女子足球独冠全球。

最后,从美国的教练和裁判员的角度来看,全国各地都在不断提供更多的课程,为教练和裁判员提供系统教育,以适应美国的足球发展。因此,美国存在大量的受过良好教育的经理、教练和裁判员。

(三) 美国足球协会的组织会员

美国足球联合会(USSF)在全国拥有113个组织会员,从基层组织到职业联赛,它们以各种方式组织和推广足球。美国足球俱乐部的会员资格向所有足球组织以及所有足球运动员、教练、经理、行政人员和官员开放,不受种族、肤色、宗教、国籍、残障、年龄、性别和性取向的歧视。

美国足球联合会(USSF)组织会员包括:

A.准会员,足球教练联盟、美国武装部队体育委员会。

B.残疾人服务组织,是指与残疾人共同组成的组织,旨在促进残疾人足球运动。

C.室内职业联赛,是指由专业室内足球队进行比赛的专业体育组织。

D.国家会员,是指从事足球计划的业余体育组织,在该组织中,运动员至少在美国26个州参加比赛。

E.国家协会,是指进行足球计划的业余体育组织,在该组织中,球员在美国至少26个州中的每个州进行注册和比赛,在美国26个州中的每个州至少有1000名运动员,至少200,000名运动员在美国境内,并且是根据第312或313条设立的青年或成人理事会的成员。

F.其他会员,是指从事足球计划的业余体育组织,在该组织中,运动员在美国不到26个州参加比赛,但在美国4个或更多州参加比赛,并且不是青年或成人理事会的成员。

G.职业联赛,是指具有专业足球队相互竞争的专业体育组织。

H.州协会,是指由国民议会确定的地区内的行政机构,负责执行针对业余青年或业余成人球员或两者的联合项目。

表 6-1　美国足球联合会 (USSF) 组织会员

类别	成员
准会员	足球教练联盟、美国武装部队体育委员会

续表

类别	成员
残障人士服务组织	美国残疾人足球协会、脑瘫足球协会、美国盲人运动员协会、美国力量足球协会、美国聋人足球协会
国家会员	美国青年五人制足球协会
国家协会	艾索、美国成人足球协会、美国俱乐部足球协会、美国青少年足球协会
其他会员	安菲、说足球、联合五人制足球协会、美国专业体育协会—足球、美国室内五人制足球协会
职业联赛	美国职业足球大联盟、全国独立足球协会、全国女子足球联赛、北美足球联赛、足球联赛联盟
州协会	亚拉巴马州足球协会、阿拉斯加国家足球协会、阿拉斯加州青少年足球协会、亚利桑那州足球协会、亚利桑那青年足球协会、阿肯色州足球协会、北加州足球协会、南加州足球协会、北加州青少年足球协会、科罗拉多足球协会、康涅狄格少年足球协会、康涅狄格州足球协会、特拉华足球协会、特拉华州青少年足球协会、纽约州东部足球协会、纽约东部青年足球协会、宾夕法尼亚州东部足球协会、宾夕法尼亚州东部青年足球协会、佛罗里达州足球协会、佛罗里达青年足球协会、乔治亚州足球协会、夏威夷足球协会、夏威夷青年足球协会、爱达荷州足球协会、爱达荷州青少年足球协会、伊利诺伊州足球协会、伊利诺伊州青年足球协会、印第安纳州足球协会、艾奥瓦州足球协会、堪萨斯州足球协会、堪萨斯州立青少年足球协会、肯塔基足球协会、肯塔基青年足球协会、路易斯安那州足球协会、马里兰州足球协会、马里兰州青少年足球协会、马萨诸塞州成人足球协会、马萨诸塞州青少年足球协会、大都会DC-VA足球协会、密歇根州足球协会、密歇根州立青少年足球协会、明尼苏达州足球协会、明尼苏达州青少年足球协会、密西西比州足球协会、密苏里州足球协会、密苏里州青少年足球协会、蒙大拿州足球协会、蒙大拿州青年足球协会、内布拉斯加州足球协会、内华达州立足球协会、内华达州青少年足球协会、新罕布什尔州足球协会、新泽西足球协会、新泽西州青少年足球协会、新墨西哥州足球协会、新墨西哥州青年足球协会、纽约州西部青年足球协会、北卡罗来纳州足球协会、北卡罗来纳州青年足球协会、北达科他州足球协会、北得克萨斯足球协会、俄亥俄州足球协会、俄亥俄州南部青年足球协会、

续表

类别	成员
州协会	俄亥俄州青年足球协会—北、俄克拉荷马州足球协会、俄勒冈成人足球协会、俄勒冈州青年足球协会、宾夕法尼亚西部足球协会、罗德岛足球协会、足球缅因州、南俄亥俄州成人足球协会、足球罗德岛、南卡罗来纳州业余足球协会、南卡罗来纳州青年足球协会、南达科他州足球协会、南达科他州青少年足球协会、南得克萨斯青少年足球协会、田纳西州足球协会、南得克萨斯州足球协会、犹他州足球协会、犹他州青年足球协会、佛蒙特州足球协会、佛蒙特州青年足球协会、弗吉尼亚青年足球协会、华盛顿州足球协会、华盛顿青年足球、西弗吉尼亚、纽约西部足球协会、威斯康星州足球联赛、威斯康星州青少年足球协会、怀俄明州足球协会

(四) 美国足球协会的组织机构

美国足球联合会(USSF)的组成机构包括:理事会/董事会、全国委员会、行政管理机构,以及青少年委员会、成人委员会、专业委员会、运动员委员会和特别委员会等。

第一,理事会/董事会。根据 1978 年《业余体育法》,美国足球联合会(USSF)理事会/董事会由代表美国足球各个方面的人士组成,包括主席、副主席、运动员代表、青少年委员会代表、成人委员会代表、专业委员会代表、独立董事等。美国足球联合会(USSF)理事会/董事会是美国足球联合会(USSF)的决策机构,其在各届会员大会之间管理美国足球联合会(USSF)日常事务和美国足球的公共事务。主席、副主席根据第 401 条设立。

美国足球联合会(USSF)理事会/董事会专业委员会代表通常是各自委员会的主席,至少需在各自委员会具备权威和影响力。唐·加伯(Don Garber)是美国职业足球大联盟(MLS)足球专员。成人委员会代表:理查德·穆勒(Richard Moeller)是美国成人足球协会副主席和佛罗里达州足球协会主席,美国成人足球协会主席约翰·莫塔(John Motta),于1988—1998 年曾担任新罕布什尔州足球协会成员,并于 1998—2000 年担任美国足球联合会副主席。青年理事会代表彼得·佐菲博士曾任美国青年足球协会主席。

美国足球联合会(USSF)理事会/董事会运动员代表,必须具备卓越的运动成绩以及丰富的执教经验和管理经验。卡洛斯·博卡内格拉(Carlos Bocanegra)是美国男子国家队、美国 MNT 成员,曾参加 2006—2010 年 FIFA 世界杯并担任美国队队长。卡洛斯·博卡内格拉(Carlos Bocanegra)的领导才能帮助他从成功的职业生涯转变为成功的管理员生涯,于 2015 年成为美国职业足球大联盟扩展队亚特兰大联队的技术总监,亚特兰大联队于 2017 年在美国职业足球大联盟首次亮相,同年进入季后赛,仅在第二个赛季就赢得了 2018 年 MLS 杯冠军。洛瑞·林赛(Lori Lindsey)是美国 WNT 的成员,曾参加 2011 年德国 FIFA 女足世界杯,也是 2012 年伦敦奥运会的替补。琳赛(Lindsey)曾是美国 U-16、U-17 和 U-21 女子国家队的成员,其中包括赢得 2001 挪威北欧杯冠军的 U-21 队。琳赛(Lindsey)目前是洛莉·琳赛表演队(Lori Lindsey Performance)的教练,还在 go90 和 2018 年美国女足联赛(NWSL)网站上担任国家女子足球联赛比赛的评论员。克里斯·阿伦斯(Chris Ahrens)是 2006—2016 年美国国家队成员,参加 2012 年伦敦残奥会的美国队成员,阿伦斯(Ahrens)是圣地亚哥联合学区的适应体育老师,也是十字军(Crusaders)足球俱乐部的总教练。

美国足球联合会(USSF)理事会/董事会的独立董事,需要在某一领域具备深厚的造诣。丽莎·卡诺伊(Lisa Carnoy)在 2017 年当选为美国足球联合会(USSF)董事会独立董事,卡诺伊(Carnoy)在美国银行美林(Merrill Lynch)任职 23 年之后,成为全球咨询公司艾利克斯合伙人(AlixPartners)的首席财务官,卡诺伊(Carnoy)拥有哈佛商学院的工商管理硕士(MBA)学位和哥伦比亚大学的优异学士学位,于 2018 年 9 月成为哥伦比亚大学董事会的联席主席,卡诺伊(Carnoy)与人共同创立了多个组织,包括美国银行的妇女领导委员会、田径妇女领导委员会和院长理事会、哥伦比亚咨询委员会,她还是纽约市联合之路和罗德弗·肖隆学校的董事会成员。独立董事胡安·乌罗(JUAN URO)是安永会计师事务所合伙人,在公司战略、增长战略、资本分配、运营模式、治理和组织设计方面拥有深厚的专业知识,当选为 2020 年美国足球联合会董事会独立董事,他擅长为首席执行官、董事会、首席财务官和其他高级管理人员提供战略、公司财务、运营方面的咨询服务,他在多个行业(媒体、金融服务、消费产品和医疗保健)和地区(北美、欧洲、亚洲和拉丁美洲)的公司拥有超过 20 年的管理咨询经验。

第二,行政管理机构。秘书长根据第 501 条设立,财务主管根据附例 402 设立。行政委员会是指由青少年委员会或成人委员会选举产生的八名委员。

美国足球联合会(USSF)的行政管理人员的特征,是具备丰富的工作履历和实践经验。首席行政官:布莱恩·雷梅迪,在美国足球联合会(USSF)超过 16 年的经验,具备在 FIFA 和 TGI Systems 的工作经历。首席法律官:莉迪亚·沃克(Lydia Wahlke),12 年以上的经验,包括在芝加哥小熊队担任总法律顾问的 7 年经验。首席传播官:尼尔·布特(Neil Buethe),在美国足球联合会(USSF)的 17 年中专注于通信和内容。首席财务官:乔治莱娜(George Raina),于 2019 年加入美国足球联合会(USSF),在金融领域拥有超过 21 年的经验,在新加坡、美国和加拿大的毕马威会计师事务所和马蒙集团(Marmon Group)等公司工作。首席人事官:托尼亚·沃拉奇,于 2017 年加入 USSF,拥有超过 20 年的专业人力资源经验,先前就职于卡夫食品、芝加哥大学和亚瑟·安德森(Arthur Andson)。体育总监:厄尼·斯图尔特(Ernie Stewart),2018 年以新创建的美国国家足球队(USMNT)总经理一职加入美国职业足球大联盟(USSF),曾任费城联盟体育总监,拥有 10 年以上的足球总监经验,美国国家足球队(USMNT)专业球员超过 16 年。

第三,委员会。目前,美国足球联合会(USSF)委员会包括:上诉委员会、预算委员会、成人委员会、青年委员会、残疾足球委员会、多样性工作组、医疗咨询委员会、体能与运动医学研究委员会、裁判委员会、规则委员会、运动员委员会。除专业委员会外,青年理事会是指根据第 312 条设立的青年理事会,成人委员会指根据附例 313 成立的成人委员会,职业理事会是指根据第 314 条设立的专业委员会,运动员委员会指根据第 321 号附例成立的运动员委员会。美国足球联合会(USSF)专业委员会主席和副主席的特征,是具备骄人的运动成绩和专业知识,在各自的专业委员会具备绝对的权威。

美国青年足球协会主席彼得·佐菲博士,曾在 2006—2009 年期间担任州协会的副主席,担任美国青年足球协会主席、北加州青少年足球协会主席,他拥有 30 多年的教练经验,还曾在加利福尼亚大学、戴维斯分校和旧金山大学踢足球,除了担任足球管理员外,他还是北加州的外科医师。

美国职业足球大联盟(MLS)唐·加伯(Don Garber),于 1999 年被任命为美国职业足球大联盟(MLS)足球专员,任职期间,美国职业足球大联盟(MLS)从 10 个俱乐部扩大到 26 个俱乐部,并与国内外主要广播公司签订了长期广播协议。唐·加伯(Pon Carder)还领导了在美国各地发展足球场的工作,并将在未来几年内开放更多的足球场。加伯于 2002 年创立了美国足球联合会(SUM),这是美国职业足球大联盟(MLS)的子公司,也是世界领先的商业和媒体足球公司之一,美国足球联合会(SUM)代表了各种各样的足球场所,包括康卡夫、美国足球联合会和墨西哥足球联合会。在加入美国职业足球大联盟(MLS)之前,唐·加伯(Pon Carder)在美国国家橄榄球联盟(National Football Lcaguc)担任了 16 年的销售、市场、节目和活动管理职务。1996 年,他创立了 NFL International。

二、美国足球协会章程

《美国足球协会章程》是美国足球联合会(USSF)的基本准则。

《美国足球协会章程》规定:美国足球联合会是国际足球联合会(FI-FA)的国家协会会员,也是北美、中美洲和加勒比足球协会联合会的成员之一。在法律框架下,美国足球联合会及其成员有义务尊重国际足联和中北美和加勒比地区足联的章程、规章、指示和决定,并确保他们的成员也同样尊重这些规定。根据《体育法》(第 109 条)和美国奥林匹克委员会(USOC)的规定,美国足球联合会是美国足球运动的国家管理机构。美国足球联合会的宗旨是:促进和管理美国足球发展,面向所有年龄和有能力参与足球运动的人,培养足球运动员、教练员、裁判员和管理员,承办全国杯赛,迅速而公平地解决申诉。

《美国足球协会章程》的主体内容包括:总则、会员、委员会、管理人员、董事会和委员会、行政、球员、听证、申诉和上诉以及修正案,目录如下:

第一部分　总则

101 细则　名称

102 细则　目的

103 细则　国际足联成员和国籍管理机构

104 细则　国际足联比赛规则适用

105 细则　自主和机会平等

106 细则　赛季及财政年度

107 细则　使用名称和标识

108 细则　罗伯特规则

109 细则　定义

第二部分　会员

A 部分　一般会员

201 细则　会员资格

202 细则　会员类别

B 部分　组织成员

211 细则　接纳为会员

212 细则　一般责任

213 细则　投诉州协会

附例 213.1 州协会边界变更

214 细则　费用

C 部分　终身成员和个人会员

三、美国足球会员制度

会员制度是协会章程的核心,会员制度详细地规定了会员资格、会员类别、入会程序、会费、会员的责权利等,美国足球联合会(USSF)、美国青少年足球协会(USYSA)、美国足球大联盟(MLS)的会员制度总体一致,本节将其列出,以供参考。

(一) 美国足球联合会(USSF)的会员制度

《美国足球协会章程》(2019)第二部分会员,明确规定了美国足球协会会员制度,包括会员资格、会员类别、入会程序、会费、会员的责权利,具体如下:

第二部分　会员

A 部分:一般会员

201 细则:会员资格

联合会的成员资格向所有足球组织和运动员、教练、裁判、经理、行政人员、官员开放,不受种族、肤色、宗教、国籍、残疾、年龄、性别、性取向的歧视。

202 细则：会员类别

协会的成员类别如下：

(1)组织会员包括：

A. 准会员

B. 残疾人服务组织

C. 室内职业联赛

D. 国家会员

E. 国家协会

F. 其他会员

G. 职业联赛

H. 州协会

(2)终身会员

(3)个人会员

B 部分：组织会员

211 细则：入会程序

第一条，希望成为联合会组织会员的组织必须向秘书长提交入会的书面申请。申请人必须申请一个特定的会员类别。申请文件中包括其章程、公司章程或其他组织文件、制度、规章和任何比赛规则，以及其他足以描述组织活动的结构、性质和范围的管理文件的副本。秘书长应规定入会申请的形式和审查提交的每一份文件。

第二条，秘书长应将组织会员的申请提交董事会审议。理事会应将申请书及其所附文件提交联合会有关委员会或工作队审查并提出报告。理事会应确定申请人是否符合其申请的会员类别的章程、政策和联合会的要求。如果董事会确定申请人资格，董事会可能(A)承认申请人临时加入联合会，直到全国委员会的下次会议应用程序可以考虑，建议申请人被正式成为联合会会员，或(B)

如果全国委员会委托给董事会权力批准申请,承认申请人加入联合会。如果理事会确定申请人不符合资格,则不应授予临时成员资格,理事会应拒绝该申请或向全国理事会建议该申请人不被批准成为联合会的会员。全国理事会或理事会(视情况而定)应以多数票通过接纳合格的申请人为联合会的正式成员。

212 细则:一般责任

第一条,作为取得和保持联合会会员资格的一个条件,每一个组织会员应满足下列所有要求:

(1)除适用法律另有规定外,应遵守联合会的所有章程、政策和要求,以及国际足联、中北美和加勒比地区足联的所有法规、条例、指示和决定,每项法规、条例、指示和决定可适时修订,以适用于该组织成员类别。

(2)向联合会提供其组织文件或理事文件的修正案。

(3)在其财政年度结束后 90 天内向协会提交最新年度财务报表。

(4)第 601 条第 1 款规定的除外

A.要求所有组织会员的赞助、资助、指导、组织或管理的球员、教练、教练、经理、管理人员和官员在相应处注册。

B.每年向联合会登记在该组织会员处登记的球员、教练、训练员、经理、行政人员和官员的姓名和地址。

(5)按联合会规定的期限向联合会缴纳各项费用。

(6)遵守体育法案。

(7)如果组织会员负责招募、训练、派遣或资助足球运动员,需建立一个风险管理计划,以保护参与者的权利。

第二条,除本章程另有明确规定外,每个组织成员对其自身的项目和活动拥有专属管辖权,任何组织会员或其他个人或实体举办比赛以及接受赞助,必须首先获得协会批准,允许还是拒绝属于协会的自由裁量权。

第三条(a),除本第三条另有明确规定外,各组织会员的组织文件和理事文件应包括以下内容:

(1)除职业联赛,组织会员和它的成员组织的成员应当公开业余运动员、教练、经理、管理员信息;国家足球运动员不受第四部分规章制度241条限制,或根据业余足球纪律进行管理;除全国性协会外,其组织成员及其成员组织的成员资格应当向其境内的业余足球组织开放。

(2)除法律另有要求外,组织会员及其成员组织应当遵守联合会章程,以及正式批准的规则和策略;联合会的章程、规则和政策以及细则603,应当优先于组织成员的组织和管理。

(3)组织会员不得成为任何与联合会的章程、规则和政策或本章程细则相冲突组织的成员。

(4)除职业联盟及营利性组织成员外,该组织成员应由公开民主选举产生的理事会(或类似机构)选举产生。

(5)除职业联赛,董事会执行委员会(或类似机构)或专项委员会或他们的授权代表,应向会员作报告,每年至少一次组织会员大会,会议通知和会议内容至少提前15天告知会员。

(6)组织会员应提供及时和公平的程序解决会员投诉,确保程序公平和机会平等,对任何投诉的运动员、教练、经理、管理员或官员举行听证会,违反程序的人没有资格投诉,适用第七部分的规章制度。

(7)组织会员应采取禁止性虐待和身体虐待的政策。

第三条(b),联合会可审核或审查组织会员以确定遵守第三条的规定。联合会的审查工作应由理事会指定的工作队或委员会进行。

第四条,组织会员因任何原因,打算或正在被法律强制解散或以其他方式终止其存在时,应立即通知联合会。

参见:政策212:报告风险管理决策,政策212.1:参加附属组织,政策212.2:强制责任保险,政策212.3:美国足球运动员和参加者安全政策—组织成员标准,政策601.10:风险管理措施的确认。

213 细则:投诉州协会

第一条,对州协会的投诉。组织可以对州协会提出申诉,声称:(a)州协会违反联合会的规章制度或政策;(b)州协会违反自己的规章制度或政策,并对联合会造成损害;或(c)州协会没有充分履行其作为州协会对联合会的责任。

第二条,提交投诉。针对国家协会的申诉必须包含具体的指控,并必须提交给秘书长。投诉书必须附有董事会为支付联合会费用而设定的申请费。

第三条,初步审查和分发投诉。秘书长应审查,并可在任命听证小组之前的任何时间驳回任何被视为轻浮、无理取闹或恶意提出的申诉。如果秘书长驳回投诉,在收到该驳回后的10天内,投诉人可向上诉委员会提出上诉,上诉委员会有权确认该驳回或恢复该投诉。如果在收到投诉后14天内未被驳回,秘书长将通知州协会并提供一份投诉副本,州协会可在30天内向秘书长提出答复。国家协会应同时向投诉人发送其答复的副本。秘书长可根据州协会对联合会和州协会的章程和政策的遵守情况的核实证明,驳回第1(a)条或第1(b)条中认为没有意义的任何投诉。

第四条,中介。除非秘书长认为调解无效,否则秘书长应任命一名调停人来调解投诉人与国家协会之间的争端。投诉人和国家协会应当参加调解。投诉人如不参与调解,有关投诉会被撤销;州协会不参与调解可能导致听证小组对州协会作出简易处置。如当事人和秘书长未约定,调解应于30天内开始任命调解员,并由投诉人和国家协会的负责人参加。在国家协会与投诉人协商解决争议时,或在调解失败时,调解员应通知秘书长。

第五条,听证。如果在州协会应提交答复的45天内通过调解未能解决投诉,则董事会应任命一个听证小组对投诉进行听证。听证小组的主席应是董事会的成员。

第六条,聆讯通知及意见书。聆讯安排不得迟于聆讯小组委任后90天。秘书长应在不少于30天内向投诉人和州协会提供书面通知,包括聆讯的时间及地点。不少于聆讯前14天,投诉人与州协会将交换意见,并向聆讯委员会提交下列文件:(a)关于投诉的指控的立场声明;(b)拟在聆讯中提出的文件及证物;(c)证人名单和预计作证的摘要。

第七条,未经听证的简易处置。聆讯小组可就当事人没有参与调解程序而对其提出建议。在听证前对当事人的陈述进行审查,对不存在争议的重大事实,听证小组可以提出有利于当事人胜诉的建议。如听证小组驳回投诉,则在收到投诉后10天内撤销,败诉方可上诉至上诉委员会,该委员会有权维持该处置或还押,以便就案情进行聆讯。

第八条,听证(聆讯)证明程序和标准。听证小组可采取合理程序进行听证,使投诉人和州协会有机会就投诉的指控提出证据和证词。投诉人有责任在证据充分的情况下,对投诉的指控进行举证。

第九条,聆讯小组的建议。聆讯后 30 天内,聆讯小组须作出事实调查结果,并向董事会提交书面建议。建议应同时提交投诉人和国家协会。

第十条,决定。在收到听证小组的建议后 90 天内,委员会应作出如下决定:

(1)驳回投诉;

(2)命令州协会在规定的时间内采取具体的纠正措施,但须经秘书长审查;

(3)根据董事会规定的条款和条件,对州协会进行不超过 180 天的试用期;

(4)撤销州协会的会员资格并声明存在空缺。

第十一条,缓刑。如果委员会将一个州的协会留校察看,委员会可以监督该州的协会是否遵守留校察看的条款和条件。在董事会规定的试用期期满后,董事会应在 30 天内审查,以确定州协会是否满足其试用期的条件。如果委员会确定州协会没有遵守其试用条款,委员会可以撤销州协会的成员资格,并宣布存在空缺。

第十二条,向全国委员会提出申诉。州协会可对理事会关于撤销其成员资格和宣布空缺的决定提出上诉。上诉通知必须在董事会作出决定后 14 天内提交秘书长。提交及时的上诉通知将维持董事会撤销州协会的决定成员资格,有待全国理事会下次会议进一步审查。不迟于在提交上诉通知后 14 天,州协会、投诉人和执行局可向全国理事会提出一份立场说明。全国理事会应以多数票维持或撤销理事会的决定。

　　第十三条,替换状态关联的应用程序。在出现空缺时,任何组织均可向联合会申请任命为国家协会。一旦委员会宣布的空缺生效,即应存在空缺。申请及申请程序将按照委员会所采纳的政策及程序进行。委员会将根据其项目的性质、范围、质量和实力,选择最有能力履行州协会联合会职责的申请人。新成立的州协会的成员资格将由全国理事会在下次会议上以多数票通过或否决。

　　213.1 细则:州协会边界变更

　　根据州协会的要求或其本身的动议,理事会可举行听证会,以确定是否应更改一个或多个州协会的界限。秘书长应将拟议的提案通知所有可能受影响的州协会边界变更,并应至少提前 30 天以书面形式通知听证会的日期和地点。如果理事会认为更改会有利于足球管理,则理事会可批准更改国家协会的范围。州协会可以对理事会更改边界的决定提出上诉。上诉通知书必须在董事会作出决定后 14 天内提交秘书长。及时提交上诉通知书将保留委员会的决定,等待国民议会下届会议进行审查。在提起上诉通知后 30 天之内,董事会和受董事会决定影响的任何州协会均可提交立场声明。国民理事会应以多数票维持或撤销委员会的决定。

　　214 细则:费用

　　第一条,每位组织会员均应向理事会推荐并经全国委员会以多数票批准的年费。这些费用包括球员或球队的年度会员费和年度注册费。

　　第二条,每个职业联赛应符合董事会规定的保证金要求。

　　第三条,董事会应确定缴费期限。

请参阅政策 214.1:会费截止期限,政策 214.2:会费。

C 部分:终身会员和个人会员

231 细则:终身会员

第一条,理事会可以提名,并且国家协会可以批准凡对促进足球运动做出了毕生贡献的人成为终身会员。终身会员资格应被视为协会授予的最高荣誉,以表彰其对促进足球运动的认可。

第二条,组织成员可以建议董事会提名个人为协会终身会员。必须在可以考虑提名的国家协会会议之前至少 180 天以书面形式向秘书长提出建议。董事会每年最多可以提名两名终身会员候选人,并且可以在任何年度进行提名。

第三条,提名终身会员必须经董事会多数表决。授予终身会员资格必须获得国家协会的多数票。

第四条,个人至少符合以下条件之一,才有资格被提名为终身会员:

(a)该人是联邦官员,并由国家协会以多数票当选为该职位;

(b)该人在美国足球联合会董事会任职超过一个完整任期;

(c)在组织或运行协会足球计划或比赛的组织会员 10 年内,该人曾担任过重要职务,为联合会提供了非凡的服务;

(d)该人是联合会工作人员或在联合会委员会任职至少 8 年。

第五条,秘书长将立即通知被提名人,并邀请被提名人参加下一次全国理事会会议。

第六条,终身会员可以行使国家协会会议规定的投票权。

参见政策 231.1:终身会员提名程序。

232 细则:个人会员

第一条,任何个人,包括在美国从事足球活动的任何运动员、教练、经理、行政人员和官员,均可成为联合会个人维持会员。董事会应规定成为个人维持会员的程序以及会员的义务和利益。

第二条,所有组织会员有权每年在全国理事会会议上集体投票选举个人会员。

第三条,个别的组织会员有权根据以下数字由最多6名个人会员代表:

一(1)名代表,代表 1,001 至 5,000 名成员,并且成员至少分布在 4 个州中

二(2)名代表,代表 5,001 至 25,000 名成员,并且成员至少分布在 8 个州

三(3)名代表,代表 25,001 至 50,000 名成员,并且成员至少分布在十二(12)个州中

四(4)名代表,代表共 50,001 至 100,000 名成员,并且成员至少分布在 16 个州中

五(5)名代表,代表 100,001 至 200,000 名会员,并且成员至少分布在 20 个州中

六(6)个代表,代表 200,001 名及以上的成员,并且成员至少分布在 26 个州中

D 部分:违约、罚款和终止

241 细则:违约、罚款和终止

第一条,组织会员需支付给联合会费用,否则将收到违约通知。如果在违约通知书中指定的日期后 30 天内

仍未支付这些费用,则违约的组织会员可能会被吊销其联合会会员资格。除非董事会另有规定,否则如果组织会员在违约通知书中指定的日期后 45 天内仍未支付这些费用,则该成员将自动终止。

第二条,如果董事会单方面决定(1)董事会的行为,则董事会可对其施加纪律制裁,要求采取纠正措施、中止、罚款或终止(或其任何组合)成员资格。组织会员违反足球或联合会的最大利益,或(2)组织成员未遵守其成为联合会成员的要求。董事会只有在向组织会员发出通知并进行听证之后,才能采取行动,在组织听证会上,组织会员可以提出支持其立场的证据。

第三条,所有组织会员及其成员在接受联合会的纪律处分时,必须予以尊重和执行。组织会员可以向联合会提供决定的副本,并应联合会的要求将其纪律处分的记录通知联合会,以通知联合会暂停或终止参加该组织的任何成员的纪律处分。在确认纪律行动已通过听证会,并符合联合会章程和政策规定的程序后,联合会将认可,尊重和执行组织会员采取的纪律处分。此正当程序审查不会构成上诉,也不会对纪律处分的事实记录或是非曲直作出判断。

参见政策 241.1:对纪律处分的认可。

(二)美国青少年足球协会(USYSA)的会员制度

美国青少年足球协会(USYSA)全称美国青少年足球协会有限公司。《美国青少年足球协会章程》中规定,美国青少年足球协会(USYSA)隶属于美国足球联合会(USSF),美国青少年足球协会(USYSA)是美国足球联合会(USSF)的国家会员。

《美国青少年足球协会章程》中,第四章 会员资格,第五章 组织成员,第六章　州协会会员,第七章　费用和纪律,第八章　区域,详细规定了美国青少年足球协会的会员制度,包括会员资格、会员类别、入会程序、会员分区和会员的责权利等,具体如下。

第四章　会员

第一条　会员资格

美国青少年足球协会(USYSA)的会员资格向所有足球组织以及所有足球运动员、教练、裁判、经理、行政人员和官员开放,不受种族、肤色、宗教、年龄、性别或国籍的歧视。

第二条　会员类别

美国青少年足球协会(USYSA)具有以下会员类别:

A. 组织会员

1. 会员。为获得会员资格,青少年体育组织应是在美国至少5个州开展足球项目。

2. 准会员。为获得准会员资格,组织应是为促进青少年足球的特定方面而成立的,但不负责球员的招募、培训、派遣和资助。

3. 州协会。要获得州协会会员资格,该组织必须是由全国委员会确定的区域内的行政机构,负责执行美国青少年足球协会(USYSA)的青少年球员项目。本协会位于美国的一个州。

B. 个人会员

美国青少年足球协会(USYSA)的个人会员是指球员、教练、裁判或管理人员:

1. 通过个人的会员资格或与组织成员的联系;

2. 经选举产生的高级管理人员或董事会成员;

3. 如果个人在美国青少年足球协会(USYSA)内担任无薪行政职位;

4. 作为美国青少年足球协会（USYSA）的委员会成员；

5. 根据董事会确定的要求加入美国青少年足球协会（USYSA）的个人。

C. 维持成员

不符合本条第 2A 或 2B 条所定义的个人或组织，可以填写维持会员申请表，向美国青少年足球协会（USYSA）董事会按要求支付年度会员费后，成为美国青少年足球协会（USYSA）的维持会员一年。

第三条　加入会员

A. 组织会员

希望成为美国青少年足球协会（USYSA）组织成员的组织必须向首席执行官提交书面的会员资格申请，以供董事会批准，申请书包括以下内容：

1. 所申请组织会员的类别；

2. 适用于理解组织结构和活动的章程、公司章程、细则、规则、规定，任何比赛规则以及其他管理文件的副本。

B. 州协会

除了美国加利福尼亚州、纽约州、俄亥俄州、宾夕法尼亚州和得克萨斯州可能有 2 个州协会，其他各州只有 1 个州协会。每个州协会负责该州的指定区域，每个州均应成为州地理区域内青少年足球球员的最高管理机构。

第四条　会员条款

A. 会员任期

1. 组织会员和个人会员。组织会员或个人会员的任期为一个赛季。但是，如果会员被接纳且会员资格在下一个赛季开始之前有效，则该成员的初始成员资格以赛

季的剩余时间为准。只要该会员在美国青少年足球协会
(USYSA)上保持良好信誉,会员资格就会自动更新,包
括:(1)缴纳注册费;(2)没有任何未缴罚款或停赛;(3)
遵守美国青少年足球协会(USYSA)政策。

2.维持会员。维持会员的会员资格自其会员有效之
日起一年。只要会员在美国青少年足球协会(USYSA)
上保持良好信誉,会员资格就会自动续签,其中包括:
(1)遵守美国青少年足球协会(USYSA)政策;(2)没有任
何未缴罚款或停职。

B.临时会员。

1.对于需要全国理事会批准的组织会员资格,董事
会可向申请成为组织会员的申请人给予拒绝或撤回临时
会员资格,直至全国理事会下次会议为止。申请书应在
全国理事会下次会议提交。

2.被授予临时会员资格的申请人享有被授予的该类
别组织成员的所有权利和责任,但临时会员不得投票。

3.临时成员资格在全国理事会会议结束时终止,在
全国理事会会议上审议申请人的成员资格,除非全国理
事会进一步延长临时成员资格的期限,或者申请人的入
会申请得到全国理事会的批准。

C.类别变更

经董事会同意,组织会员可以更改其组织结构而不
会失去美国青少年足球协会(USYSA)的会员资格。但
是,如果组织结构的更改具有将成员从组织会员的一种
类别更改为组织会员的另一种类别,则该会员必须重新
申请美国青少年足球协会(USYSA)的组织成员的新
类别。

第五条 禁止转让和分配会员资格

美国青少年足球协会(USYSA)的会员资格不可转让或指定。当美国青少年足球协会(USYSA)解散时,组织会员或维持组织会员解散,个人或维持个人会员去世时,或本章程另行规定外,成员资格终止。

第六条 辞去会员资格

任何会员均可通过向美国青少年足球协会(USYSA)提交书面辞职,退出美国青少年足球协会(USYSA)会员资格。接受会员辞职不需要投票。辞职将在美国青少年足球协会(USYSA)收到后生效。会员辞职并不能免除其在辞职生效日之前应缴纳的任何应缴费用的义务。

第七条 恢复会员资格

被停止的美国青少年足球协会(USYSA)会员可以提交书面恢复申请。董事会可以在董事会认为适当的合理条件下,恢复被停止会员的会员资格。

第五章 组织会员

第一条 一般职责

每个组织会员必须执行以下规定:

1. 在符合适用法律的范围内,遵守美国青少年足球协会(USYSA)和美国足球联合会章程以及适用于本组织会员所属会员类别的章程;

2. 在符合适用法律的范围内,遵守美国青少年足球协会(USYSA)政策和程序以及在美国青少年足球协会(USYSA)内部运营和计划管理方面的政策、程序和要求;

3. 在截止日期前支付美国青少年足球协会(USYSA)的会费;

4. 在适用的范围内遵守《业余体育法》。

第二条　权力

除本章程另有规定外,各组织会员应保留其自身的自治权。

第六章　州协会会员

第一条　一般职责

除本章程的其他要求外,各州协会应:

1. 遵守本章程;

2. 每年向美国青少年足球协会(USYSA)注册其所有球员、教练和管理人员;

3. 每赛季至少向美国青少年足球协会(USYSA)提供一次球员、教练和管理人员的姓名和政策要求的信息;

4. 要求由组织会员赞助、资助、指导、组织或管理的个人运动员、教练、团队和管理人员均在美国青少年足球协会(USYSA)注册;

5. 提供并协调其管辖范围内的每个球员在发展中级和高级阶段踢足球的机会;

6. 遵守美国青少年足球协会(USYSA)批准或赞助的州际、国内、国际竞赛和其他竞赛的相关要求,并遵守美国足球联合会的要求。

第二条　风险管理

A. 美国青少年足球协会(USYSA)和每个州协会负责在其管辖范围内建立和监控风险管理计划。

B. 风险管理计划至少包括:

1. 对参与美国青少年足球协会(USYSA)或州协会或州协会成员的任何批准或赞助项目的所有志愿者、雇员、教练和项目管理人员,使用就业/志愿者公开声明;

2. 确定风险管理协调员和协会的替代人选。

第七章　费用和纪律

第一条　年费

A. 团体会员。各团体会员均应向美国青少年足球协会(USYSA)缴纳经理事会确定并经全国理事会批准的年费。

B. 个人会员和维持会员。个人会员和维持会员的收费标准应由全国理事会批准。

第二条　暂停和终止会员资格

A. 暂停会员资格。

1. 未支付会费。任何未按时支付美国青少年足球协会(USYSA)会费的会员都应收到书面通知。如果在违约通知发出之日后 30 天内仍未支付这些费用,则根据本条第 3B 款的规定,在经过适当的听证会后,违约成员可能会被暂停美国青少年足球协会(USYSA)会员资格。如会员仍未缴付会费,须以书面通知其暂停会籍及终止会籍的日期。

2. 由于诉讼

(a)参加美国青少年足球协会(USYSA)计划或州协会计划或州协会会员计划的任何人,在损害青少年球员的福利的诉讼或因不利于青少年的活动的诉讼中成为被告的,应停止所有与足球有关的活动。根据本章程的暂停会员资格应由相应的州协会或美国青少年足球协会(USYSA)理事会决定。损害青年球员福利的事务应包括但不限于道德败坏和重罪。该人仅有权就该指控(如果属实)是否不利于青少年球员的福利提出上诉。

(b)诉讼完成后,根据本条第 2A2(a)款,被暂停会员资格的人可以通知暂停该人的机构诉讼已经完成,并要求终止暂停会员资格并恢复该人的会员身份。暂停机构可以准予该人的请求,或者,如果诉讼的决定不利于该人,则可以在该暂停机构指定的期限内继续暂停该人的会员资格,对该人处以罚款,并终止该人的所有会员资格或上述处罚。

B.终止会员资格

1.州协会的会员资格可以由全国理事会以三分之二的投票方式终止。

2.若因退出美国青少年足球协会(USYSA)或根据本条第 2A1 款或 2B1 款的规定而终止州协会的会员资格,美国青少年足球协会(USYSA)应立即将该组织替换为与终止会员资格的组织拥有相同美国青少年足球协会(USYSA)管辖权的另一个组织。该替代组织可包括美国青少年足球协会(USYSA)建立和临时经营的组织。

3.董事会可以依照本条第 3A 条的规定终止维持会员的会员资格。

第三条　暂停、终止和其他处罚

A.董事会可以暂停、罚款、终止和对美国青少年足球协会(USYSA)的任何成员施加任何其他惩罚,如果董事会确定:

1.该会员的行为有损足球或美国青少年足球协会(USYSA)的最大利益;

2.该会员未遵守美国青少年足球协会(USYSA)会员的要求。

B.董事会只有在举行听证会、合理通知听证会的时间和地点并为成员提供合理的机会、提供证据以支持其立场后,才能根据本条行事。

第四条　认可

美国青少年足球协会(USYSA)根据本章程实施的

暂停或其他纪律处分应得到美国青少年足球协会
(USYSA)全体会员的认可。

第八章　区域

第一条　区域构成

区域组成如下:

A. 一区:康涅狄格州少年足球协会,特拉华州青年
足球协会,纽约东部青年足球协会,东部宾夕法尼亚州青
年足球协会,马里兰州青年足球协会,马萨诸塞州青年足
球协会,新罕布什尔州足球协会,新泽西青年足球协会,
纽约州西部青年足球协会,宾夕法尼亚州西足球协会,罗
德岛足球俱乐部,缅因州足球俱乐部,佛蒙特州足球协
会,弗吉尼亚青年足球协会和西弗吉尼亚足球协会。

B. 二区:伊利诺伊州青年足球协会,印第安纳州足
球,艾奥瓦州足球协会,堪萨斯州青年足球协会,肯塔基
州青年足球协会,密歇根州青年足球协会,明尼苏达州青
年足球协会,密苏里州青年足球协会,内布拉斯加州州足
球协会,北达科他州足球协会,俄亥俄州南方青年足球协
会,北部的俄亥俄州青年足球协会,南达科他州足球协会
和威斯康星州青年足球协会。

C. 三区:亚拉巴马州足球协会,阿肯色州足球协会,
佛罗里达州青年足球协会,乔治亚州足球,路易斯安那州
足球协会,密西西比州足球协会,北卡罗来纳州青年足球
协会,北得克萨斯州足球协会,俄克拉荷马州足球协会,
南卡罗来纳州青年足球协会,南得克萨斯州青年足球协
会和田纳西州立足球协会。

D. 四区:阿拉斯加青年足球协会,亚利桑那青年足
球协会,加利福尼亚青年足球协会-北,加利福尼亚青年
足球协会-南,科罗拉多足球协会,夏威夷青年足球协

会,爱达荷州青年足球协会,蒙大拿州青年足球协会,新墨西哥州青年足球协会,俄勒冈州青少年足球协会,美国内华达州青少年足球协会,犹他州青少年足球协会,华盛顿州青少年足球协会和怀俄明州青少年足球协会。

E.各区域的组成可由全国理事会以多数票通过予以修正。

第二条　区域委员会

各地区应:

A.按照第十二条,第一节 C 的规定设立区域理事会,由区域内每个州协会的至少一名代表和各自区域的区域代表组成;

B.确保按照第十二条的规定进行投票表决。

第三条　区域代表的资格

该职位的候选人应:

A.与美国青少年足球协会(USYSA)或任何会员保持良好的关系;

B.不能是与美国青少年足球协会(USYSA)或任何区域会员的带薪员工。

第四条　区域委员会的职责

各区域委员会应:

A.遵守与美国青少年足球协会(USYSA)的所有章程、规则、政策和要求;

B.选举董事会代表,其职责如下:

1.担任区域理事会所有会议的主席;

2.在会议召开前不少于 45 天,向本区域内的州协会提供会议通知;

3.提供拟议的议程以及拟议项目的副本,由区域理事会在每次会议召开至少 30 天之前进行审议;

4. 如果需要,仅在以投票方式表决时或在其他所有
情况下才投票,以影响投票结果。

C. 每个赛季至少召开两次区域理事会会议,其中一
次会议与全国委员会会议同时举行。

第五条　会议

A. 例行会议上提出的任何业务项目必须在会议日
期至少 45 天之前以书面形式提交给地区代表。

B. 特别会议。

1. 如以下有需要,可以随时召开特别会议:(1)该地
区的区域代表;或(2)该区域的至少五个州协会。

2. 召开特别会议的请求应说明将在特别会议上要审
议的项目。会议上不得审议其他项目。

3. 特别会议的通知应在会议召开后的 14 天内提供
给该地区的每个州协会。会议必须在会议请求后的 60
天内举行。

(三) 美国足球大联盟(MLS)的会员制度

美国职业足球大联盟(MLS)成立 1996 年,是美国足球联合会
(USSF)下属的组织会员,美国职业足球大联盟致力于解决重要的社会问
题,并改善我们的社区。通过联盟的社会责任平台(MLS WORKS),联盟
的社会责任平台(MLS WORKS)执行国家计划,开展慈善捐赠活动,并采
取各种举措,丰富和教育我们的青年,创建可持续发展的社区,并促进比
赛各个层面的包容性。

当今,美国职业足球大联盟(MLS)有 26 个俱乐部,分为东部联盟和
西部联盟。

美国职业足球大联盟(MLS)为保护会员利益,制定了非常详细的会
员制度,主要是俱乐部和球员的保护条款,内容涉及俱乐部运行、球员权
利、联盟资金分配办法等,具体如下:

第一,球员类别

1.国内/国际

到 2020 年,26 个俱乐部中共有 208 个国际球员,每个美国职业足球大联盟(MLS)俱乐部均有权在其阵容中拥有 8 名国际球员。这些球员名额可以按整个赛季的增量进行交易,因此在任何赛季中,有些俱乐部可能会超过 8 个,而某些俱乐部可能会少于 8 个。进行交易时,每个俱乐部名册上的国际球员名额没有限制。

2.国内球员

美国俱乐部:国内球员是美国公民、永久居民(绿卡持有人)、其他特殊身份的持有人(已获得难民或庇护身份)或符合"本土国际规则"资格的球员。对美国俱乐部名册上的美国国内球员的数量没有限制。

加拿大俱乐部:国内球员是加拿大公民或具有某些其他特殊身份(已获得难民或庇护身份的持有人),符合本土国际规则资格的球员或美国国内球员。对于加拿大俱乐部名册上的加拿大国内球员人数没有限制。

加拿大俱乐部名册上的美国国内球员或加拿大国内球员的数量没有限制;但是,前提是加拿大俱乐部在任何时候都必须拥有至少 3 名加拿大国内球员。

3.本土国际规则

任何符合在美国或加拿大成为美国职业足球大联盟(MLS)俱乐部成员资格的本土球员或与加拿大认可的青年俱乐部成员类似的要求的球员都将被视为国内球员(他将不会占据国际名单)在美国和加拿大俱乐部名单上,但前提是球员在 15 岁那年成为美国或加拿大美国职业足球大联盟(MLS)俱乐部成员,或成为加拿大认可的青年俱乐部的成员;球员与美国职业足球大联盟(MLS)

或美国职业足球大联盟(MLS)俱乐部的 USL 会员签署了他的第一个职业合同。

美国职业足球大联盟(MLS)将与加拿大足球协会合作,确定符合比赛,环境和教练方面特定标准的加拿大认可青年俱乐部。这些加拿大批准的青年俱乐部可以与美国职业足球大联盟(MLS)俱乐部无关。

4. 国际球员

美国俱乐部:任何不具备在美国俱乐部中作为美国国内球员资格的球员,都应视为国际球员,并且必须在美国俱乐部的名单上占据一个国际名额。

加拿大俱乐部:任何不具备美国国内球员或加拿大国内球员资格的球员均应被视为国际球员,并且必须在加拿大俱乐部的名单上占据一个国际名额。

5. 本土球员

通过"本土球员"机制签名的球员(请参阅下文的"球员获取机制")将在俱乐部名单上获得"本土球员"的称号。

俱乐部在任何给定年份可以签约的本土球员的数量没有限制。

本土球员可能会在高级或补充名单上占据一个位置。

补充名单上的本土球员每年的总收入可能比储备最低工资(2020 年为 63,547 美元)或高级最低工资(2020 年为 81,375 美元)高出 125,000 美元。

6. 阿迪达斯一代

阿迪达斯一代是美国职业足球大联盟(MLS)和阿迪达斯之间的一项联合计划,致力于在专业环境中培养杰出人才。每年,联盟都会签约几名顶尖的大学本科生和青年国家队球员,而大多数此类球员是通过美国职业足球大联盟(MLS)超级征召进入联盟的。直到一名球员从该计划中毕业,阿迪达斯一代球员才进入俱乐部的补充名单。

7. 指定球员

"指定球员规则"允许俱乐部最多收购 3 名球员,其总薪酬和获取成本超过最高薪金预算费用,且俱乐部承担超出每位球员薪金预算费用的补偿金额的财务责任。指定球员可以是通过分配排行榜或发现流程签入美国职业足球大联盟(MLS)的新球员,也可以是俱乐部名单上现有球员的重新签约。

球员的薪金预算费用,以及因此指定的球员身份,通常是通过平均保证期内的所有应付保证金来确定的,或者如果保证期少于 3 年,则平均 3 年内的所有应付金额。

在 2020 年,除非在二级转会窗口打开后加入俱乐部,否则在联赛年度内至少 24 岁的指定球员将承担最高薪金预算费用(612,500 美元),在这种情况下,他的预算费用为 306,250 美元。

8. 青年指定球员

在赛季内 23 岁(或小于 23 岁)的指定球员将承担以下青年指定球员薪金预算费用:20 岁及以下:$150,000,21—23 岁:$200,000。

如果这样的指定球员在二级转会窗口打开后加入俱乐部,则他将承担本赛季中段年轻指定球员的薪金预算费用为 $150,000,如果不是年轻指定球员则为 $306,250。

俱乐部可以用总分配资金"买断"指定球员的薪金预算费用,减少后的预算费用不得少于 $150,000。

每个俱乐部将分配 2 个指定球员。拥有 2 名指定球员的俱乐部可通过向联赛支付＄150,000 来增加第 3 名指定球员,并应在拥有 2 个或更少指定球员位置的俱乐部之间分配,以在下个美国职业足球大联盟(MLS)赛季用作一般分配资金。俱乐部必须每年支付＄150,000 的费用,其中 1/3 的"指定球员"位置将占用俱乐部名单。

如果俱乐部使用第 3 个指定球员,签署年轻指定球员,则该俱乐部将必须支付＄150,000 的费用。

9. 特殊球员

通常,球员的购置成本总额在支付年度的薪金预算中扣除。对于俱乐部名单上的一名球员("特殊发现球员"),俱乐部可以在球员合同的期限内分摊购置总成本(最高＄500,000)。

特殊发现球员在所考虑的联赛年度内必须年满 27 岁(或小于 27 岁)。

联赛中每个俱乐部的特殊发现球员最多只能有 1 个(2020 年联盟中共有 26 个特殊发现球员)。

如果俱乐部通过交易获得了额外的球员,则在任何给定的时间,俱乐部的高级名单上可能都有 1 名以上的特殊发现球员。但是,交易特殊发现球员的俱乐部不得在交易的特殊发现球员的原始合同到期,终止该球员的合同或所有摊销的购置成本均计入薪金预算费用之内,签署新的特殊发现球员。

如果他有资格,可以在特殊发现球员上使用目标分配货币。

第二,球员获取机制

俱乐部可以通过以下机制获取球员并将其添加到他们的名单中:

1. 分配过程

（1）分配排名列表：分配过程是一种机制，用于确定哪个俱乐部具有优先权来获取分配排名列表中列出的球员。该列表将包括（i）精选的美国男子国家队球员，（ii）精选的美国青年国家队球员，和/或（iii）前美国职业足球大联盟（MLS）球员在加入非美国职业足球大联盟（MLS）俱乐部后返回美国职业足球大联盟（MLS），并收取转出费＄500,000 或以上。一般而言，联盟每年都会更新一次分配排名列表［通常是在美国职业足球大联盟（MLS）常规赛结束后］，但联盟可以自行决定进行其他更新，包括但不限于增加从美国职业足球大联盟（MLS）和顶级联赛转出的球员美国青年国家队队员。

（2）分配顺序排名：将排名顺序分配是通过在顺序的顶部以俱乐部的积分榜上相反的顺序在每个美国职业足球大联盟（MLS）赛季结束，同时季后赛表现考虑在内，新扩建的俱乐部设置。一旦俱乐部使用其分配排名来获得一名球员，它就会跌至榜单的底部。可以交换排名，只要作为回报获得的部分补偿是另一家俱乐部的排名。在任何时候，每个俱乐部都被分配一个等级。排名在每个美国职业足球大联盟（MLS）赛季结束时重置。

对"分配排名列表"或"分配排名顺序"的任何更新将反映在 www.mlssoccer.com/allocation 上。

2. 选秀规则

在美国职业足球大联盟（MLS）（2020）超级选秀（SuperDraft）包括 4 轮共 75 种球员选择。前 2 轮比赛于 2020 年 1 月 9 日进行，最后 2 轮比赛于 2020 年 1 月 13 日举行。所有回合均通过电话会议进行。

最有希望的选拔对象是已经用尽大学资格的 NCAA

大学四年级学生。阿迪达斯一代球员和非大专院校国际球员也有资格在美国职业足球大联盟(MLS)(2020)超级选秀(SuperDraft)中入选。俱乐部可以提名联盟合格选秀名单上的球员,并且只能从该名单中选择球员。

美国职业足球大联盟(MLS)(2020)超级选秀(SuperDraft)订单是通过在每个美国职业美国职业足球大联盟(MLS)赛季结束时考虑俱乐部排名的相反顺序来设定的,考虑到了季后赛的表现,而新加入俱乐部排在第一。

3. 大学保护名单

除非在弃权权上声明,否则由某家俱乐部通过美国职业足球大联盟(MLS)选秀规则征召但未与联盟签约的球员将被列入该俱乐部的"大学保护名单",直至选秀后的第二年,即 2020 年 12 月 31 日到 2021 年 12 月 31 日,此后俱乐部将失去签署球员的优先权。

4. 交易

球员、美国职业足球大联盟超级选秀(MLS Super-Draft)选秀权、分配排名和国际球员都可以通过联盟批准的交易交换,只要符合所有关于名单和工资预算遵守必要的规则。

5. 交易窗口期

在本赛季中,涉及球员的交易必须在"主要交易窗口"(2020 年 2 月 12 日至 5 月 5 日)或"次要交易窗口"(2020 年 7 月 7 日至 8 月 5 日)内进行。

6. 发现过程

发现名单:根据发现过程,俱乐部可以侦查并签署尚未与美国职业足球大联盟超级选秀(MLS SuperDraft)选秀权签约且不受其他分配机制(分配过程,美国职业足球大联盟超级选秀)约束的球员。要通过"发现过程"对球员进行签约,俱乐部必须首先将球员置于其"发现名单"上。俱乐部在任何时候都可以在其"发现名单"上最多容纳7名球员,并且可以随时删除或添加球员。俱乐部从发现名单中签约的球员数量没有限制。

7. 球员排名排行榜

在美国职业足球大联盟(MLS)中服役但随后被弃权或终止的球员(此类球员先到先得,数量有限),另一家俱乐部拥有优先购买权的球员,在发现日期之前的大学季节内曾在大学或上过大学的球员[如果球员在发现日期之前的那个赛季已完成或放弃了大学资格,并且不在美国职业足球大联盟(MLS)选秀名单上,他将被豁免]。

未成年球员(如果是国内球员,则为18岁以下;如果是美国或加拿大以外的球员,则为17岁以下)。

美国U-17和U-20国家队的业余队员。在这些球员达到各自的18岁生日或毕业高中(以较晚者为准)之后,美国职业足球大联盟(MLS)应拥有一个专属的45天窗口,以确定这些球员是否将被预先签约参加超级选秀(SuperDraft)或被列入分配排行榜。(1)联盟未成功尝试签署美国职业足球大联盟(MLS)选秀,(2)联盟未试图签署选秀,(3)不在分配排名列表中,(4)未进入的球员放弃大学后的一年内,该大学将不会被发现,并将被置于豁免。

指定的球员要求:如果俱乐部希望将一名球员加入联盟的发现清单,而联盟确定该球员需要俱乐部的大量投资,则联盟将在将该球员列入俱乐部的发现清单之前,确定该俱乐部是否拥有签署这样的球员的必要意图、手段和能力。联赛可以联系球员当前的俱乐部(如果适用)和/或其授权代表,以确定达成协议的可能性。如果联盟确定当时没有实际机会与球员签约,那么他就不会被发现。

发现冲突解决方案:如果一个或多个俱乐部试图将同一名球员添加到各自的发现名单中,则在较早日期提出索赔的俱乐部将拥有签署该球员的优先权。如果一个或多个俱乐部在同一天提交发现请求,则在当前美国职业足球大联盟(MLS)常规赛每场得分最低的俱乐部(所有俱乐部必须参加至少3场常规赛)将享有优先权签署球员。

如果一家俱乐部想在另一名拥有更高发现优先权的俱乐部的"发现名单"上签下一名球员,则可以向该俱乐部提供＄50,000的"一般分配资金",以换取签署该球员的权利。然后,在其"发现名单"上拥有球员的俱乐部将有5天的时间(或在"二级交易"窗口中为3天)以(i)接受"总分配资金"并传递签署球员的权利,或(ii)使球员真实,客观合理的报价。

第三,交易

美国职业足球大联盟(MLS)俱乐部,关联方俱乐部和要签署给美国职业足球大联盟(MLS)的球员之间的所有安排的所有条款均应向联赛充分披露。从关联方俱乐部加入美国职业足球大联盟(MLS)俱乐部的球员,将根据他从关联方俱乐部合同中获得的报酬,以及与其签约相关的任何获取费用,来计算其薪金预算费用。联盟将自行决定最终裁定该球员的薪金预算。

1. 本土球员

如果俱乐部成员已经成为该俱乐部的青年成员至少1年并且满足了必要的培训和保留要求,则该俱乐部可以与该运动员签订合同,而无须接受美国职业足球大联盟(MLS)选秀规则的约束。通过这种机制加入美国职业足球大联盟(MLS)的球员称为本地球员。俱乐部在任何特定年份可以签约的本土球员的数量没有限制。

2. USL 优先球员

除了本地球员和受大学保护的球员外，俱乐部可能会优先考虑来自各自的联合足球联盟(USL)分支机构的最多 3 名球员。为了在任何其他联合足球联盟(USL)联盟会员上保持优先级，必须将此类球员添加到美国职业足球大联盟(MLS)俱乐部的"发现名单"中。

3. 重新入场

重新进入过程将在美国职业足球大联盟(MLS)杯之后开始。考虑到季后赛表现，再入选秀的优先顺序是 2020 年完成的相反顺序。可以在"重入选秀"中选择的球员包括所有选项被拒绝以及 22 岁以上，具有至少在美国职业足球大联盟(MLS)服务 1 年且不具备免费代理资格的合同外球员。

第一阶段：可参加重入选秀的第一阶段的球员是：至少 22 岁且至少拥有 1 年美国职业足球大联盟(MLS)服务年限且其俱乐部未行使选择权的球员。至少年满 22 岁且至少有一个美国职业足球大联盟(MLS)服务年限的球员没有签约，且其俱乐部不希望以比前一年的薪金增加 $15,000 或薪金增加 10% 的价格重新签约的球员。俱乐部必须向第一阶段中选择的所有球员行使选择权，或将其视为真正的提议(比上一年的薪金增加 $15,000 或薪金增加 10%)，并且不得选择自己的符合选秀资格的球员。如果球员拒绝了该报价，俱乐部将在美国职业足球大联盟(MLS)中保留该球员的优先购买权。合同中剩余选择年的球员将自动添加到俱乐部名单中。

第二阶段:在第二阶段的重入选拔阶段未被选中的球员将可参加比赛。如果在第二阶段选择了一名球员,则俱乐部将被要求向球员提供真正的报价。如果俱乐部与球员之间无法达成协议,则俱乐部将在 MLS 中保留该球员的优先购买权。俱乐部不得在第二阶段中选择自己的选秀资格球员,直到所有其他俱乐部拒绝选择此类球员。

在第二阶段之后仍未被选中的球员将以先到先得的方式进入任何美国职业足球大联盟(MLS)俱乐部。球员可以选择启用前的第一阶段和/或阶段的二重入过程进行再入境草案。在这种情况下,球员的优先选择权将保留在其先前的俱乐部中。

4. 自由代理

免费代理将根据美国足球联盟(2020)集体谈判协议进行。

5. 豁免

俱乐部可以在常规赛季中的任何时候将球员置于弃权权,此时其他所有美国职业足球大联盟(MLS)俱乐部均可使用该弃权权。放弃申领期应在联赛向俱乐部发出通知后的第 1 个工作日开始,并在第 2 个工作日的美国东部时间下午 5 点终止。如果未选择放弃豁免("清除豁免")的球员,则该球员可用于所有美国职业足球大联盟(MLS)俱乐部,先到先得。

弃权顺序:弃权顺序基于所有俱乐部至少参加了 3 届美国职业足球大联盟(MLS)联赛赛季比赛后的每场比赛积分。如果豁免是在所有俱乐部参加至少 3 届美国职业足球大联盟(MLS)联赛赛季比赛之前发生的,则优先级将基于上赛季的表现,首先考虑季后赛表现,即考虑从季后赛争夺中淘汰的俱乐部分。在所有俱乐部至少参加了3场美国职业足球大联盟(MLS)联赛赛季比赛之前，新俱乐部应位于豁免令的底部。

6. 要求签约球员

如果俱乐部要求球员先前已经签署了美国职业足球大联盟(MLS)合同，但不再签约，则俱乐部必须在3个工作日内向该球员发出真实报价。

7. 有保证的球员

如果放弃了有保证合同的球员，则任何感兴趣的美国职业足球大联盟(MLS)俱乐部将在放弃通知后48小时内，通知联盟意图收入球员和他们希望的球员薪金预算，包括但不限于哪个俱乐部愿意承担最高的薪金预算费用。如果最高薪水预算费用是由多个俱乐部提交的，则将根据豁免令授予球员。

8. 有资格获得豁免的球员如下：

签约球员：任何拥有SPA的球员。

已完成大学资格：任何在紧接美国职业足球大联盟(MLS)选秀之前就已经在美国职业足球大联盟(MLS)赛季中完成了大学资格且不在美国职业足球大联盟(MLS)选秀列表中的球员。

剩余的大学资格：离开或放弃大学的球员仍然有剩余资格(并且不在超级选秀列表中)。离开或放弃大学一年后，仍然有资格找到这些球员。

返程球员：返回美国职业足球大联盟(MLS)的联赛联盟无法重新签约且其最后一个美国职业足球大联盟(MLS)俱乐部的球员不希望行使其优先购买权。

未签名球员：在俱乐部举行的第一届美国职业足球大联盟(MLS)常规赛之后的第二天，当年超级选秀(SuperDraft)中选定的尚未签署美国职业足球大联盟(MLS)合同的大学球员有权应要求获得豁免。如果未签名的大学球员处于弃权状态,并且未被其他美国职业足球大联盟(MLS)俱乐部要求保护,则他将返回其俱乐部的"大学保护名单",直至大学保护期结束。

合同外/选择权下降的球员:合同到期或选择权被拒绝,不符合重新进入程序或自由球员资格且其前俱乐部未提供真正报价的球员。通常会在年终豁免草案中或下一个美国职业足球大联盟(MLS)联赛赛季开始之前提供此类球员。

俱乐部从豁免中选择一名球员后,该俱乐部将自动移至优先级列表的底部,以便在任何给定的季节进行后续的豁免选择。

9. USL 短期协议

俱乐部可以从其 USL 子公司签署球员签署中美洲(CONCACAF)冠军联赛、加拿大冠军联赛、拉马·亨特(Lamar Hunt)美国公开赛、联赛杯和冠军(Campeones)杯的短期协议(最多 4 天的合同)。俱乐部每个赛季最多可以签署 4 项短期协议(最多 16 天)。

球员也可以签署《美国职业足球大联盟(MLS)联赛赛季》短期协议,但仅限于极端困难的情况下:一是极端困难号召,在"极端困难"的情况下,俱乐部可能会将球员添加到他们的名单中。当 MLS 俱乐部具有以下条件时,就存在极端困难:少于 4 个外场替代者(少于 14 个外场球员)或少于 2 名守门员。极端困难情况下的 USL 球员短期协议,俱乐部只有在极端困难的情况下,才可以从其 USL 分支机构的球员(借出)上签署美国职业足球大联盟(MLS)联赛赛季比赛的短期协议(最多 4 天的合同）。

俱乐部每个赛季最多可以签署 4 项短期协议（最多 16 天）。在此期间,球员可以参加任何中美洲（CONCA-CAF）冠军联赛、加拿大冠军、拉玛·亨特美国公开赛杯、联赛杯和坎皮内斯杯。

10. 赛季末受伤

赛季末伤亡名单:如果球员遭受赛季末伤病,俱乐部可以将受伤的球员放到赛季末伤亡名单上,并获得名单减免。一旦被列入赛季末伤病名单,受伤的球员将没有资格在该美国职业足球大联盟（MLS）赛季的任何剩余比赛,包括锦标赛、中美洲（CONCACAF）冠军联赛加拿大冠军赛和拉玛·亨特（Lamar Hunt）美国公开赛杯。

赛季末受伤替换球员:俱乐部可以根据以下参数用新的替补球员替换赛季末受伤名单上的受伤球员。

俱乐部将继续对受伤球员的全部薪金预算负责。俱乐部可以进行交易以创建薪金预算空间,以签署这样的替补球员。这是俱乐部可以交换薪金预算空间的唯一情况。俱乐部只能在以下参数下因赛季末受伤而获得薪金预算减免（由俱乐部支付）：

受伤的球员必须每年至少赚取 $100,000。

受伤的球员必须在主要转会窗口关闭之前遭受赛季末的伤病,并且必须在该日期之前获得新球员。

替补球员的最高收入为 $25 万,但最多不超过赛季末受伤的球员。

替补球员的费用中将有一笔抵免额,记入本赛季末受伤的球员。俱乐部应向联盟偿还相当于该信用额的金额。

每个美国职业足球大联盟（MLS）联赛季节,俱乐部仅允许签署一位此类替补球员。

如果受伤的球员在高级球员名单上占据了国际球员名单,那么替代球员也可能是国际球员。

11. 补充性赛季末伤害

如果俱乐部补充名单的球员遭受赛季末受伤,则俱乐部可以用赚取最低底薪的球员代替该受伤的球员,而不论受伤球员的薪水如何,例如,如果阿迪达斯一代球员的薪水超过最低工资但受了伤,则可以由赚取最低工资的球员代替(取决于俱乐部工资预算)。该替补球员的最低底薪将从俱乐部薪金预算中扣除。

因此,俱乐部必须有薪资预算空间,才能用补充球员替换补充名单赛季末受伤的球员。

如果受伤的球员在补充球员名单上占据了国际球员名单的位置,则替代球员也可能是国际球员。

12. 短期伤害替代

受伤名单,如果球员受伤而无法参加 6 次或更多的比赛,则俱乐部可以将受伤的球员列入"受伤名单"。受伤名单上受伤的球员将至少缺席 6 次比赛,并且在此期间不得参加任何展览比赛或锦标赛,包括中美洲(CON-CACAF)冠军联赛、加拿大冠军、拉玛·亨特美国公开赛、联赛杯和冠军杯(Campeones Cup)。

受伤名单上的高级球员,如果将俱乐部高级名单上的球员列入"伤残名单",则俱乐部可能会获得名单减免。俱乐部将不会为该球员获得薪金预算减免,并将负责赔偿受伤球员的全部薪金预算费用。只有拥有或可以创造额外薪金预算空间的俱乐部才能临时替换受伤名单上的球员。俱乐部必须优先于它添加的任何替代球员(通过发现、优先选择权等)。如果受伤的球员在高级球员名单上占据了国际球员名单,那么替代球员也可能是国际球员。俱乐部可能无法用薪金预算空间来代替被添加到伤残列表中的球员。

受伤名单上的补充名单球员,如果球员在俱乐部的补充名单上,遭受伤害将使该球员进入"受伤名单",俱乐部可以用赚取最低底薪的球员代替受伤的球员,而不论受伤球员的薪水如何,例如,如果阿迪达斯一代球员的薪水超过预备役最低工资受了伤,只能由获得预备役最低工资的球员代替(取决于俱乐部薪金预算)。该最低储备金将从俱乐部薪金预算中扣除。因此,俱乐部必须拥有薪资预算空间,才能用受伤名单替换球员替换补充名单或储备球员名单上的受伤球员。当球员被从伤残名单中移出时,俱乐部还必须确保拥有必要的名册空间和俱乐部薪金预算。

13. 豁免

俱乐部可以在美国职业足球大联盟(MLS)赛季的任何时候根据表现放弃球员。俱乐部可以在常规赛季中的任何时候放弃半保证球员,直到合同保证日之前的3个工作日。只有获得联赛批准,俱乐部才能放弃担保球员(任何时候)或半担保球员(合同保证日期之后)。在名单冻结日期和美国职业足球大联盟(MLS)杯之间,俱乐部可能不会放弃球员。

半保证球员在合同保证日期或之后被弃权,并且保证球员在任何时候都被弃权,并且清除豁免(未被其他俱乐部接任)的,将继续将其各自的工资预算费用计入适用的俱乐部工资预算。放弃球员的俱乐部将不会收到替补球员。

14. 转会和贷款

可以随时将美国职业足球大联盟(MLS)球员转移或借给非美国职业足球大联盟(MLS)俱乐部(取决于接收俱乐部适用的联盟的转会窗口),并且需要得到球员的同意。

借给球员后,俱乐部将获得名单减免,但不会获得薪金预算减免,除非贷款协议另有约定。

15. 转会和贷款费用

俱乐部转让或贷款的收益分成如下:

俱乐部应从涉及非本土球员的任何交易中获得相应转让或贷款费用收入(包括代理费和其他费用)的95%。

如果指定球员被转让或借出,则俱乐部将获得所有转让或贷款费用收入,直到在与俱乐部进行任何共享安排之前,其已偿还俱乐部为该球员支付的所有自付现金款项。指定球员的转会或贷款应被视为本土球员,而俱乐部将获得相应转会或贷款费用收入的95%。

俱乐部应从涉及本土球员的任何交易中获得相应转让或贷款费用收入的100%(包括代理费和其他费用)。

转移或贷款收入费用的所有其余部分均由联盟保留。

第四,收入用途

俱乐部的转让或贷款费用收入份额只能用于以下用途:

俱乐部最多可将转移/贷款收入中的 $1,000,000 作为"一般分配资金"。(对于指定球员,这种分配资金只能在俱乐部收到100%的自付费用后进行)。

俱乐部股份的剩余余额,如果有且无法交易,将以下列方式供俱乐部使用:

俱乐部产生的与现有或新指定球员的费用有关的费用;要么经联赛批准,以(i)该俱乐部本来不会招致的费用为代价;(ii)合理地表示对联赛或俱乐部的投资(青年发展和训练设施)。

第五,租借

1.联盟内租借

俱乐部可将球员借给另一个美国职业足球大联盟(MLS)俱乐部,但须遵守以下条件:

租借时,球员必须年满24岁(或小于24岁)。

每个俱乐部每个赛季只能将一个球员借给另一个美国职业足球大联盟(MLS)俱乐部。

租借必须在"主要转会"窗口或"次要转会"窗口中启动。

在"主要转会"窗口关闭之前启动的"同盟贷款"可以允许借贷的球员在"二级转会"窗口期间按照2家俱乐部之间的协议被召回。如果被召回,则在美国职业足球大联盟(MLS)赛季的剩余时间内,此类球员必须留在原俱乐部。

除了在上述情况下被召回的情况外,他必须在整个美国职业足球大联盟(MLS)赛季都留在新俱乐部。

租借期间,球员不得在其MLS赛季期间与他的前俱乐部竞争[包括美国职业足球大联盟(MLS)联赛赛季比赛和所有其他比赛]。

同事间租借可能包括将其定为永久性的选择。

2.美国职业足球大联盟(MLS)的球员租借

俱乐部可以根据联盟的酌情决定权,将其高级名单或补充名单中的任何球员借给非美国职业足球大联盟(MLS)俱乐部。在租借期内,除非在租借协议中另有规定,否则俱乐部将获得名单减免,但不会获得薪金预算减免。

如果球员从他的租借中被撤回,俱乐部必须有一个可用的名额槽,以便球员有资格参加美国职业足球大联盟(MLS)联赛赛季比赛。

如果租借的球员是国际球员,那么他的替补可能是国际球员,并占据国际名单。

3. 美国职业足球大联盟(MLS)向联合足球联盟(USL)会员的球员租借

从美国职业足球大联盟(MLS)俱乐部向联合足球联盟(USL)会员的所有租借必须是免费的[联合足球联盟(USL)会员俱乐部无须支付任何租借费用]。

如果美国职业足球大联盟(MLS)球员是借给联合足球联盟(USL)会员的,则该球员的薪水不得超过该球员的薪金预算费用,而不会在美国职业足球大联盟(MLS)俱乐部的薪金预算中获得该补偿(包括但不限于绩效奖金)。

一个美国职业足球大联盟(MLS)俱乐部最多可以借给其联合足球联盟(USL)分支机构或美国或加拿大的低等级别俱乐部借给一名球员的名单减免和预算减免;但需提供:球员未满 25 岁;球员的薪金预算费用小于或等于美国职业足球大联盟(MLS)高级最低薪水,包括任何租借费、转会费、代理费、住房、汽车等;租借必须是为期一整年的免费租借;在美国职业足球大联盟(MLS)联赛赛季的剩余时间内,美国职业足球大联盟(MLS)俱乐部不得利用召回球员的权利;但是,前提是在极端困难的情况下,可以将这样的球员召回其美国职业足球大联盟(MLS)俱乐部。

4. 罢免权

如果某位球员从美国职业足球大联盟(MLS)俱乐部租借给联合足球联盟(USL)分支机构,并具有纳入租借协议中的召回权,则该球员可以在美国职业足球大联盟(MLS)常规赛期间的任何时候被美国职业足球大联盟(MLS)俱乐部召回,但要遵守美国职业足球大联盟(MLS)名册指南(国际名单)。对召回此类球员的次数没有限制。

5. 合同到期

当球员的合同到期时,该球员不再计入有关俱乐部名单或薪金预算。根据重新进入和自由球员区的规定,如果试图重新签约球员,则俱乐部在合同期满后无限期地保留对球员的优先购买权。

6. 买断担保合同

俱乐部可以在休赛期买断拥有保证合同的一名球员(包括指定球员),并释放相应的薪金预算空间。买断费用由俱乐部承担。

俱乐部在本赛季不能通过买断球员合同来释放薪金预算中的空间。如果俱乐部在本赛季中购买了球员的合同,则买断额将从俱乐部的薪金预算中扣除。

7. 优先购买权

根据有关重入选秀和自由球员的规则,如果联盟以前曾尝试但未能重新签约的前美国职业足球大联盟(MLS)球员重返美国职业足球大联盟(MLS),则其前俱乐部将拥有优先购买权。

在以下情况下,该俱乐部将没有优先购买权:俱乐部收到了与将此类球员转移到非美国职业足球大联盟(MLS)俱乐部有关的任何考虑;要么球员被排除在扩展选拔中。

8. 受大学保护的球员

"受大学保护的球员"是指在美国职业足球大联盟(MLS)选秀中被选中的球员,但前提是他的选拔俱乐部向他提供了一份合同,而该球员拒绝了合同提议。如果他的俱乐部在受审后没有向他提供合同,则球员可以选择在俱乐部的首个美国职业足球大联盟(MLS)常规赛比赛之后的第2天将其置于豁免。如果没有任何俱乐部愿意将其签署给弃权球员,则该球员将被留在俱乐部的"大学保护名单"上,直至有关选秀的次年12月31日,此后该俱乐部将失去签署该球员的权利。

第六,分配资金

分配资金是除俱乐部薪金预算外可用于俱乐部的资金,即(i)一般分配资金;或(ii)目标分配资金。一般分配资金可以通过俱乐部进行交易。

1. 一般拨款

每个俱乐部每年都会收到一般分配资金的分配。2020年,每个俱乐部的拨款额为1 525 000美元。在以下情况下,俱乐部也可能会收到一般分配款:未能参加美国职业足球大联盟(MLS)杯附加赛,将俱乐部球员转移到美国职业足球大联盟(MLS)以外的非美国职业足球大联盟(MLS)俱乐部。

2. 指定球员费用分配

在联盟增加一个或多个扩展俱乐部的任何年份,(i)所有俱乐部将获得等额的一般分配资金,并且(ii)在扩展草案中失去一名球员的任何俱乐部将获得额外的一般分配资金。新成立的扩张俱乐部在就职季节将分别获得一笔总拨款。

3. 买断

分配资金可用于"买断"球员的薪金预算费用,作为管理俱乐部名单的一部分,包括买断低于联盟最高 $612 500 的薪金预算费用。例如,俱乐部可以通过使用 $200 000 的一般分配资金,将收入为 $700 000 的球员减为 $500 000 的薪金预算费用。

4. 一般分配资金也可以在以下情况下使用

签约美国职业足球大联盟(MLS)的新球员[上个赛季未参加美国职业足球大联盟(MLS)的球员]。抵销购置成本(贷款和转让费)。与第二年延长球员合同有关,前提是该球员是上一年的新手。将指定球员的薪金预算费用减至 $150 000 的限额。将工资预算费用超过最高工资预算费用的球员的工资预算费用减少到 $150 000 的限制。

5. 使用薪金预算费用

俱乐部不能使用"一般分配资金"减少球员薪金预算费用的 50% 以上。如果将一般分配资金用于贷款或转让费,则此限制不适用;俱乐部可以减少 100% 的贷款或转让费。

6. 目标分配资金

目标分配资金已按照以下规定分配给美国职业足球大联盟(MLS)俱乐部。每年可用的定向目标分配资金,

2020 年:每个俱乐部 $280 万

2021 年:每个俱乐部 $272 万

2022 年:每个俱乐部 $240 万

7. 目标分配资金可以通过以下方式使用

一是,俱乐部可以使用这笔资金签约新球员,前提是他的薪金和购置成本高于最高薪金预算费用。二是,俱

乐部可以重新签约现有球员,只要他的收入超过最高薪金预算费用。三是,俱乐部可以通过以等于或低于最高限额的价格购买他的薪金预算费用,来使用全部或部分可用的目标分配资金,将指定球员转换为非指定球员(假设该球员的薪金预算费用满足以下所述的薪水参数)。四是,工资预算费,如果使用定向分配资金释放指定球员席位,则俱乐部必须同时以等于或大于他要替换的球员的投资签署新的指定球员。

如果该俱乐部具有免费的"指定球员"席位,则该俱乐部保留将先前用"目标分配金"购买的球员转换为"指定球员"的灵活性。

俱乐部可能会使用当前已批准的多达 $200 000 的目标分配资金,来签署新的本土球员加入他们的第一个 MLS 合同。

8. 目标分配资金可能无法交易

球员必须赚取超过 2020 年最高薪金预算费用($612 500),才有资格获得目标分配资金。到 2020 年,此类合格球员的最高薪酬上限将定为 $1 612 500。

球员无法使用定向分配资金将其薪金预算费用减至 $150 000 以下。

目标分配资金在完整的转会窗口到期后失效。

注意:在与潜在球员或其他联赛中的俱乐部进行讨论时,为了保护美国职业足球大联盟(MLS)及其俱乐部的利益,每个俱乐部当前持有的分配资金金额将不会公开分享。仅在交易的情况下,才会公开涉及的一般分配资金的数量。

第二节　美国足球会员制度的问题与策略

美国足球联合会(USSF)制定了规范的《足球协会会员章程》,具备完善的会员制度。美国职业足球大联盟(MLS)和美国青少年足球协会(USYSA)都制定了规范的《足球协会会员章程》,具备完善的会员制度。同样,美国各级足球协会都制定了各自的章程和会员制度。然而,在实际运作中,美国足球会员制度呈现出协会包容性与会员多样化、会员资格和权利、会费标准及依据等问题,以及协会治理层面的有偿服务与志愿服务、协会决策的影响因素、协会治理的民主参与和协会会员的歧视问题。如何应对?

一、会员的资格和责任

《美国足球协会章程》以及美国各级各类足球协会的《章程》中规定了会员的资格和责任,当然,拥有会员资格并承担会员责任后,必定享有协会为会员提供的服务,即责权利对等。那么,会员的资格和权利的本质是什么? 决定会员的资格和权利的因素有哪些?

(一)《美国足球协会章程》规定的会员资格和责任

《美国足球协会章程》第二部分　会员,A 部分:一般会员第 201 细则,规定了美国足球联合会(USSF)的会员资格,具体如下:

第二部分　会员

A 部分:一般会员

201 细则:会员资格

联合会的成员资格向所有足球组织和运动员、教练、

裁判、经理、行政人员、官员开放，不受种族、肤色、宗教、

国籍、残疾、年龄、性别、性取向的歧视。

此外，美国足球协会/联合会（USSF）还规定了严格的入会程序。首先需厘清会员类别，其次提交申请。

步骤1：确定会员类别，联盟具有以下类别：组织会员、终身会员、个人会员。终身会员是一种年度会员制，只能在年度大会上通过投票产生，组织成员可以建议董事会提名个人为协会终身会员。个人会员包括在美国从事足球活动的任何运动员、教练、经理、行政人员和官员，均可成为联合会个人维持会员。董事会应规定成为个人维持会员的程序以及会员的义务和利益。组织成员包括准会员、残疾人服务组织、室内职业联赛、国家会员、国家协会、其他会员、职业联赛、州协会［详见第一节，一（三）美国足球协会组织会员］。

步骤2：一旦确定了会员类别，将入会申请信函提交给美国足球联合会秘书长，申请加入美国足球联合会。提交以下材料：协会章程或公司章程以及细则、比赛规则，协会组织结构和举办活动的管理文件。如果申请成为全国性协会，则申请信应包括理事会、青年或业余人士。秘书长收到会员资格申请后，确定所有相关文件以及组织是否符合章程和美国SOFE要求的政策和规则。然后，委员会向董事会推荐成员。直到下届理事会会议通过时，董事会才能批准申请者加入临时会员。如果申请人不遵守规定，董事会将不会发出临时会员资格，并将建议被否决的临时会员报告给国家理事会。申请州协会必须遵循第213条的规定。

《美国足球协会章程》第二部分会员，B部分：组织会员第212细则，规定了美国足球联合会（USSF）会员的责权利，具体规定如下：

B 部分：组织会员

212细则：一般责任

第一条　作为取得和保持联合会会员资格的一个条件，每一个组织会员应满足下列所有要求：

（1）除适用法律另有规定外，应遵守联合会的所有

章程、政策和要求,以及国际足联、中北美和加勒比地区足联的所有法规、条例、指示和决定,每项法规、条例、指示和决定可适时修订,以适用于该组织成员类别。

(2)向联合会提供其组织文件或理事文件的修正案。

(3)在其财政年度结束后90天内向协会提交最新年度财务报表。

(4)第601条第1款规定的除外。

A.要求所有组织会员赞助、资助、指导、组织或管理的球员、教练、经理、管理人员和官员在相应处注册。

B.每年向联合会登记在该组织会员处登记的球员、教练、训练员、经理、行政人员和官员的姓名和地址。

(5)按联合会规定的期限向联合会缴纳各项费用。

(6)遵守体育法案。

(7)如果组织会员负责招募、训练、派遣或资助足球运动员,需建立一个风险管理计划,以保护参与者的权利。

第二条 除本章程另有明确规定外,每个组织成员对其自身的项目和活动拥有专属管辖权,任何组织会员或其他个人或实体举办比赛以及接受赞助,必须首先获得协会批准,允许还是拒绝属于协会的自由裁量权。

第三条(a),除本第三条另有明确规定外,各组织会员的组织文件和理事文件应包括以下内容:

(1)除职业联赛,组织会员和它的成员应当公开业余运动员、教练、经理、管理员信息;国家足球运动员不受第四部分规章制度241条限制,或根据业余足球纪律进行管理;除全国性协会外,其组织成员的资格应当向其境内的业余足球组织开放。

(2)除法律另有要求外,组织会员及其成员组织应当遵守联合会章程,以及正式批准的规则和策略;联合会的章程、规则和政策以及细则603,应当优先于组织成员的组织和管理。

(3)组织会员不得成为任何与联合会的章程、规则和政策或本章程细则相冲突组织的成员。

(4)除职业联盟及营利性组织成员外,该组织成员应由公开民主选举产生的理事会(或类似机构)选举产生。

(5)除职业联赛,董事会执行委员会(或类似机构)或专项委员会或他们的授权代表,应向会员作报告,每年至少召开一次组织会员大会,会议通知和会议内容至少提前15天告知会员。

(6)组织会员应提供及时和公平的程序解决会员投诉,确保程序公平和机会平等,对任何投诉的运动员、教练、经理、管理员或官员举行听证会,违反程序的人没有资格投诉,适用第七部分的规章制度。

(7)组织会员应采取禁止性虐待和身体虐待的政策。

第三条(b),联合会可审核或审查组织会员以确定遵守第三条的规定。联合会的审查工作应由理事会指定的工作队或委员会进行。

第四条 组织会员因任何原因,打算或正在被法律强制解散或以其他方式终止其存在时,应立即通知联合会。

(二)美国青少年足球协会和大联盟规定的会员资格和权利

《美国青少年足球协会章程》第四章 会员,第一条 会员资格,规定如下：

第四章　会员

第一条　会员资格

美国青少年足球协会(USYSA)的会员资格向所有足球组织以及所有足球运动员、教练、裁判、经理、行政人员和官员开放，不受种族、肤色、宗教、年龄、性别或国籍的歧视。

《美国青少年足球协会章程》第五章　组织会员，第六章　州协会会员，规定了会员的责权利，如下：

第五章　组织会员

第一条　一般职责

每个组织会员必须执行以下规定：

1.在符合适用法律的范围内，遵守美国青少年足球协会(USYSA)和美国足球协会(USSF)章程以及适用于本组织会员所属会员类别的章程；

2.在符合适用法律的范围内，遵守美国青少年足球协会(USYSA)政策和程序以及在美国青少年足球协会(USYSA)内部运营和计划管理方面的政策、程序和要求；

3.在截止日期前支付美国青少年足球协会(USYSA)的会费；

4.在适用的范围内遵守《业余体育法》。

第二条　权力

除本章程另有规定外，各组织会员应保留其自身的自治权。

第六章　州协会会员

第一条　一般职责

除本章程的其他要求外，各州协会应：

1. 遵守本章程；

2. 每年向美国青少年足球协会(USYSA)注册其所有球员、教练和管理人员；

3. 每赛季至少向美国青少年足球协会(USYSA)提供一次球员、教练和管理人员的姓名和政策要求的信息；

4. 要求由组织会员赞助、资助、指导、组织或管理的个人运动员、教练、团队和管理人员均在美国青少年足球协会(USYSA)注册；

5. 提供并协调其管辖范围内的每个球员在发展中级和高级阶段踢足球的机会；

6. 遵守美国青少年足球协会(USYSA)批准或赞助的州际、国内、国际竞赛和其他竞赛的相关要求，并遵守美国足球联合会的要求。

此外，美国职业足球大联盟(MLS)特别强调球员、俱乐部和联盟的利益[详见第一节(三)美国足球大联盟的会员制度]，主要是俱乐部和球员的保护条款，内容涉及俱乐部运行、球员权利、联盟资金分配办法等，均包含在《MLS规则与法规2020》中。

(三)会员的权利与义务

纵观美国足球联合会(USSF)、美国青少年足球协会(USMYSA)和美国足球大联盟(MLS)的会员制度，主体内容是：会员资格、会员分类、入会程序和会员责权利。美国足球联合会(USSF)关注会员资格和协会的总体目标，美国青少年足球协会(USYSA)注重会员责任和协会的社会目标，美国足球大联盟(MLS)特别强调球员、俱乐部和联盟的整体利益。以下仅总结一下美国足球协会会员的权利与义务。

第一，会员权利。美国足球联合会的每个会员都可以使用美国足球申诉程序，确保争议调解和组织成员之间的申诉解决，参与年度股东大会、董事会会议、委员会会议以及联盟所有特别会议的会议和活动计划，并享有以下权利。

一是参与制定美国足球治理有关的细则和政策,享受美国足球网站到会员网站的链接服务,网站细则和政策的更新和发布,提供会议纪要的收集和发布。

二是享受教育计划和训练课程,所有级别教练的官方 FIFA 许可计划,通过材料的开发和展示来进行教练教育,为教练提供教育机会。

三是享受裁判员服务,美国足球裁判署的材料生产与展示教育,美国足球注册裁判员的许可和保险,裁判员的继续教育,讲师、评估师和转让人的培训和许可,最新的网站以获取参考信息。

四是举办和参与国际比赛,批准国际比赛的申请,所有国际足球比赛和赛事均得到了由外国协会的批准程序。

五是提供信息和通讯方式,向您的电子邮件地址提供有关美国足球、国家队和体育的最新信息,提供国家队比赛通知和电视节目时间表,提供所有美国足球比赛活动的购票权,这使您有机会在公开发售前购买票务。

六是提供优先机会,会员资格和比赛机会向所有人开放,14 岁以上的男孩和女孩享受国家团队和计划的选择和资助、球员的训练与发展、比赛和活动。

七是其他福利,批准国际旅行,批准拥有国际团队,专业选手注册,向球员提供有关职业选手状态的信息。

第二,会员责任。除适用法律另有规定外,遵守体育法,遵守国际足联(FIFA)的所有附则、政策和要求,以及所有法规、规定、指令和决定。以下只适用于组织成员:

一是对该联盟的组织和管理文档进行修订。

二是在财政年度结束后 90 天内,向联盟提交最新的年度财务报表。

三是要求组织会员及其成员组织的赞助和资助,以及其管理的每位球员、教练、教练、经理、行政人员和官员均应向相应的组织注册。

四是在每个年度注册这些球员、教练、经理、行政人员以及在这种组织成员中注册的官员的姓名和地址。

五是在联合会设定的截止日期前支付的会费和联合会其他款项。

六是如果组织会员负责召集、训练、派遣或资助足球运动员,则应建立风险管理计划以促进安全并保护参与者利益。

七是除职业联赛外,该组织的成员及其成员组织应对任何非体育运动员、教练、经理、管理员或体育运动中官方活动的个人开放,根据第241条第4款的规定中止,或根据其领土内任何业余足球组织的纪律或风险管理行动;除国家协会外,该组织及其成员组织的成员资格在其领土内的任何业余足球组织中均应开放。

八是联合会章程优先于组织会员和适用于其所在地区的组织和管理文件,以及组织成员及其成员组织正式批准的绑定规则、政策和细则。

九是本组织会员不得成为任何违背联合会规则和政策或细则的组织成员。

十是除了专业联赛和营利组织成员外,该组织会员还应通过公开和民主的选举程序选出一个董事会(或类似机构)。

十一是除职业联赛外,董事会(或类似机构)的董事会、执行委员会或组织成员的官员所采取的行动和政策应报告给其会员,或每年至少在组织会员的一次会议上授权代表。

十二是本组织会员应提供解决其成员投诉的适当程序,并有机会就任何运动员、教练、经理、管理员或行政管理人员的投诉进行听证。

十三是组织成员应采纳禁止性虐待和身体虐待的政策。

十四是联合会有权审核或审查组织会员,以决定是否遵守第3条的规定。联合会的审查应由董事会指定的执行委员会来执行。

十五是如果组织会员打算或正因为法律原因要解散或以其他方式终止其存在,则应立即通知联合会。

(四)决定会员资格和责权利的相关因素

会员的资格和责权利决定因素首先是协会权力的分割,此外,还有会员与非会员的区分、俱乐部的成绩和观众人数。会员资格本质上是明确会员的责权利,因此,人们在决定是否成为会员时经常会考虑到这一点。

　　协会面临着会员资格和责权利的挑战(Kelly[①],2015)。会员的资格和责权利是章程规定的,而章程是由会员集体制定并通过的,由此,会员的资格和责权利是利益相关者博弈的结果。协会会员人数增多,协会收入增加,具备发展潜力,能够做更多的公益事业,但是,协会必然面临权利重组的难题。协会会员人数减少,协会面临着生存困境,无力为会员提供服务更无力从事公益事业。在某种程度上,协会会员人数减少是会员对协会制度不公正或不公平的反应,越来越多的协会通过采取各种创新方法来重建其成员资格,使其代表机构多样化和提高其议价能力,来应对会员人数的下降(Frege & Kelly[②],2004;Gumbrell[③],2013)。澳洲足球协会的一个显著特点,是绝大多数足球俱乐部拥有制度化的结构和程序,其成员实际上是俱乐部的所有者,因此在年度大会上拥有投票权。

　　会员的资格和责权利本质上是区分会员与非会员。区分会员和观看比赛的普通人的意义在于找准潜在会员,由此,区分会员与非会员具备了经济学意义,成为衡量俱乐部、协会和城市体育需求的标准。观看足球比赛的人不仅仅是会员和粉丝,还包括那些对足球略感兴趣却以旅游和休闲为目的的人,当然,俱乐部会员比非会员更有可能定期现场观看比赛。会员与非会员之间在享受比赛的数量和质量上都有差距,会员享受价格优惠,获得特殊权利。足球俱乐部的会员类型也在不断变化,最近几年,俱乐部试图开始推出一系列优惠套餐,包括养恤金领取者会员类型、免费本地小学类型、家庭套餐类型等,旨在吸引潜在会员。当然,还有一些成员不定期参加甚至根本不参加,他们只是将自己的会员资格视为习惯甚

---

　　① Kelly,J. (2015). Trade union membership and power in comparative perspective. *The economic and lab our relations review*, 26(4):526-544.

　　② Frege, C.M., & Kelly, J. (2004). *Varieties of Unionism: Strategies for Union Revitalization in a Globalizing Economy*. Oxford: Oxford University Press.

　　③ Gahan, P., & Pekarek, A. (2013). Social movement theory, collective action frames and union theory: a critique and extension. *British Journal of Industrial Relations*, 51(4): 754-776.

至捐赠(Dellavigna & Malmendier[1],2006)。

俱乐部成绩是会员资格的关键因素。一般来说,当球队表现更好时,俱乐部预计需求会更大,参与率和会员资格都会上升,会员资格和营销支出是足球协会会员资格的决定因素(Pinnuck & Potter[2],2006)。有学者利用澳大利亚足球联盟(AFL)俱乐部 Hawthorn PC 的年度会员资格的长时间序列数据集,论证俱乐部会员资格的决定因素,以及俱乐部会员人数和获胜率之间的关系,旨在理解成员资格与参加人数之间的基本差异。通常,澳大利亚足球联盟(AFL)每个俱乐部会在赛季开始前很早就发送会员续期提醒,如果得不到回应后续提醒会随之发出,但是,人们是否成为会员最重要的因素是球迷对球队成绩的期望,很多澳大利亚足球联盟(AFL)球迷只是根据他们的期望加入会员的。

俱乐部成绩决定了观众人数,而观众人数直接决定了协会的会员人数。有研究从俱乐部会员人数入手探讨澳大利亚足球需求,利用 AFL 中 Hawthorn FC 的数据作为案例研究(Lenten,Liam JA[3],2012)。得出结论:澳大利亚足球联盟(AFL)会员经历了两次大增长,第一次,由 1996 年的 12 484 人增加到 1997 年的 27 005 人,这是继俱乐部与墨尔本足球俱乐部合并之后,由球迷聚集起来,承诺加入会员资格;第二次,2008—2009 年,成员数目进一步结构性激增,源于俱乐部成绩的突飞猛进。由此得出,合并和成绩是决定会员人数的关键因素。显然,观众人数和俱乐部成绩之间是正相关关系,会员人数、会员资格与俱乐部获胜比率正相关,会员资格和上赛季胜负比率之间相关性很强,球迷根据俱乐部上赛季表现形成对球队的预期,进而决定是否成为会员。在澳大利亚足球联盟(AFL)的

---

① Della Vigna, S. , & Malmendier, U. M. (2006) Paying not to go to the gym. *American Economic Review*, 96(3), 694-719.

② Pinnuck, M. , & Potter, B. (2006). Impact of on-field football success on the off field financial performance of AFL football clubs. *Accounting and Finance*, 46(3), 499-517.

③ Liam J. A. Lenten. (2012). Comparing Attendances and Memberships in the Australian Football League: The Case of Hawthorn. *The economic and labour relations review*, 23 (2):23-38.

大部分历史上,观众人数增加则会员人数增加。

二、会费的标准及依据

美国足球联合会(USSF)及其下属各个协会均收取会员费。理论上,协会是非营利性组织,那么,为什么收取会员费? 接下来的问题是,制订会费标准的依据是什么? 谁来制定? 影响会费水平的因素有哪些?

(一) 美国足球协会会费概况

美国足球联合会(USSF)会费包括:注册费、俱乐部会员费、特殊计划费用,注册费主要是指联盟支付协会的加盟费,俱乐部会员费一般分为青年俱乐部会员费和成人联赛会员费,特殊计划费用是指参加比赛、联赛入场费、训练营、ODP 计划等,个人会员费一般在 15—20 美金/年,具体到各个会员又有所不同。比如大都会弗吉尼亚区足球协会会员收费情况[①]:所有联盟均需支付 $100/年的加盟费,每位球员收取 $20.00/年[$3 责任险、$4 用于 USASA 计划、$2 用于美国足球协会(USSF)计划、$7 参与者意外保险、$4 用于 MDCVSA 计划和费用]。

(二) 协会为什么要收取会费

美国足球联合会(USSF)是不以营利为目的非营利性组织,目标是为不同群体提供负担得起的体育服务。然而,非营利性组织也需要运行成本,虽然,非营利性组织会获得各种资助,比如政府部门的补贴、商人的赞助、社会各界的捐赠和志愿者服务等,当这些资助不足以维持协会基本运行时,收取会费成为必然。

在各种收入来源中,会员费是协会最重要的收入来源(Steinberg[②],

---

① https://www.mdcvsasoccer.org/Default.aspx? tabid=772564

② Steinberg, R. (2007). Membership income. In D. R. Young (Ed.), *Financing nonprofits: Putting theory into practice* (pp. 121-155). Lanham, MD: AltaMira Press.

2007；Klenk [①]，2017）。美国足球协会的个人会员会费一般在 15~20 美金/年。瑞士俱乐部会员费占比达 1/3（Lamprecht[②]，2017），德国所有非营利服务公司都从其成员那里收取费用（Breuer & Feiler[③]，2019），德国29%的人口是足球俱乐部会员，在 7—14 岁年龄组中，80%以上的男孩和60%以上的女孩是体育俱乐部的成员（DOSB[④]，2018），德国非营利性运动俱乐部的会费价格差异较大，决定会费标准的因素主要是俱乐部成本和俱乐部目标（Feiler [⑤]，2019）。

足球协会的收费是法律认可的。美国足球俱乐部全部经由法律认可，德国 97.6%的足球俱乐部是法律注册的协会（Breuer & Feiler[⑥]，2015），这种法律形式使俱乐部有资格获得来自政府、金融机构的公众支持（Heinemann[⑦]，2005；Feiler[⑧]，2018），优惠政策包括直接的公共补贴、税收优惠、免费或低收费使用体育基础设施，享受优惠政策的理由是体育俱

---

① Klenk, C., Schlesinger, T., & Nagel, S. (2017). Zum Zusammenhang von mitgliederinteressen und vereinszielen. In L. Thieme (Ed.), *Der sportverein：Versuch einer bilanz* (pp. 273-294). Schorndorf, Germany：Hofmann.

② Lamprecht, M., Bürgi, R., Gebert, A., & Stamm, H. (2017). *Sportvereine in der Schweiz：Entwicklungen, herausforderungen und perspektiven.* Magglingen, Switzerland：Bundesamt für Sport BASPO.

③ Breuer, C., & Feiler, S. (2019). Sportvereine in Deutschland：Organisationen und personen. *Sportentwicklungsbericht für Deutschland* 2017/2018, teil 1. Bonn, Germany：Bundesinstitut für Sportwissenschaft.

④ DOSB. (2018). *Bestandserhebung* 2018. Frankfurt, Germany：Deutscher Olympischer Sportbund.

⑤ Svenja Feiler, Pamela Wicker, Christoph Breuer. (2019) Nonprofit Pricing：Determinants of Membership Fee Levels in Nonprofit Sports Clubs in Germany. *International Journal of Sport Finance*, 14(4)：262-277.

⑥ Breuer, C., & Feiler, S. (2015). *Sport development report* 2013/2014：*Analysis of the situation of sports clubs in Germany (abbreviated version).* Cologne, Germany：Sportverlag Strauß.

⑦ Heinemann, K. (2005). Sport and the welfare state in Europe. *European Journal of Sport Science*, 5(4), 181-188.

⑧ Feiler, S., Wicker, P., & Breuer, C. (2018). Public subsidies for sports clubs in Germany：Funding regulations vs. empirical evidence. *European Sport Management Quarterly*.

乐部对社会的贡献。必须明确的一点是,法律禁止非营利体育组织在其成员之间分配利润(Hansmann[①],1980),因此,足球协会并不追求利润,而是以需求为导向,致力于服务社会,更重要的是为成员提供服务以及陪伴和欢乐等无形的福利(Nagel[②],2006)。因此,足球俱乐部会员费普遍较低,至少比音乐学校或艺术学校的项目以及参观剧院或电影院便宜得多(Breuer[③],2016;Fischer & Tschurer[④],2011)。

　会员资格带来的利益。会员支付会费,则会员有权享受协会提供的服务和优惠(Horch[⑤],1992;Heinemann[⑥],1995),成员汇集他们的会费、资源和志愿工作,分担协会运行成本并从中受益,这些福利超过了个人行动中的好处(Cornes & Sandler[⑦],1986)。然而,协会收取会费,意味着协会必须在社会目标与经济目标之间平衡,在支付成本与履行使命之间权衡(Young[⑧],2010)。一方面,法律规定足球协会不得向会员分配盈余,因此,足球协会没有赚取利润的动力,而是致力于实现其社会目标(Hans-

---

① Hansmann, H. (1980). The role of nonprofit enterprise. *The Yale Law Journal*, 89 (5), 835-902.

② Nagel, S. (2006). *Sportvereine im wandel: Akteurtheoretische analysen zur entwicklung von sportvereinen.* Schorndorf, Germany: Hofmann.

③ Breuer, C., Wicker, P., & Swierzy, P. (2016). *Angemessene Mitgliedschaftsbeiträge in den Fußball: Und Leichtathletikvereinen des WFLV.* Cologne, Germany: Deutsche Sporthochschule Köln.

④ Fischer, D., & Tschurer, G. M. (2011). *Kostenrechnung und beitragsgestaltung im sportverein.* Duisburg, Germany: Landessportbund Nordrhein-Westfalen.

⑤ Horch, H.-D. (1992). *Geld, macht und engagement in freiwilligen vereinigungen: Grundlage einer Wirtschaftssoziologie von non-profit-organisationen.* Berlin, Germany: Duncker & Humblot.

⑥ Heinemann, K. (1995). *Einführung in die Ökonomie des sports.* Schorndorf, Germany: Hofmann.

⑦ Cornes, R., & Sandler, T. (1986). *The theory of externalities, public goods, and club goods.* Cambridge, UK: Cambridge University Press.

⑧ Young, D. R., Jung, T., & Aranson, R. (2010). Mission:-market tensions and nonprofit pricing. *The American Review of Public Administration*, 40(2), 153-169.

mann①,1980；Horch②, 1994；Nagel③,2008；Young④,2010；Anheier⑤,2014；
Coates & Wicker⑥,2017)；另一方面,足球协会的运行成本逐年增加,需要
大量的资金来维持运营(Kotler⑦,2000；Steinberg⑧,2007)。当然,协会可
以接受捐款、补贴、赞助,然而,这远远不够。由此,协会必须最大限度地
增加收入以维持协会运行,扩大会员人数和增加会费水平成为协会的常
规作法。

(三)协会会员收费标准

美国足球联合会(USSF)由董事会负责制定会费标准。董事会由会
员大会选举产生,协会会员每年通过投票来选举董事会成员。在年度会
议上,董事会必须向成员通报协会具体情况和潜在问题,如财务问题和会
费标准,如果会员否定董事会的报告,则解除董事会的责任。在这个意义
上,会费标准是所有会员的集体决定。

董事会负责管理协会并依靠现有的财政和人力资源向会员提供服
务,如果会员愿意支付的会费水平太低,那么,协会无法保持稳定的财务

---

① Hansmann, H. (1980). The role of nonprofit enterprise. *The Yale Law Journal*, 89
(5), 835-902.

② Horch, H. -D. (1994). On the socio-economics of voluntary associations. *Volutes*:
International Journal of Voluntary and Nonprofit Organizations, 5(2), 219-230.

③ Nagel, S. (2008). Goals of sports clubs. *European Journal for Sport and Society*, 5
(2), 121-141.

④ Young, D. R., Jung, T., & Aranson, R. (2010). Mission:-market tensions and
nonprofit pricing. *The American Review of Public Administration*, 40(2), 153-169.

⑤ Anheier, H. K. (2014). *Nonprofit organizations*: *Theory, management, policy*
(2nd ed.). London, England: Routledge.

⑥ Coates, D., & Wicker, P. (2017). Financial management. In R. Hoye & M. M.
Parent (Eds.), *The SAGE handbook of sport management* (pp. 117-137). London, Eng-
land: Sage.

⑦ Kotler, P. (2000). *Marketing management*: *Millennium edition* (10th ed.). Upper
Saddle River, NJ: Prentice Hall.

⑧ Steinberg, R. (2007). Membership income. In D. R. Young (Ed.), *Financing
nonprofits*: *Putting theory into practice* (pp. 121-155). Lanham, MD: Altamira Press.

状况和基本运行,协会需要额外收入来维持运行。事实上,协会运行费用并不是会员对于会费水平的最初想法,会员加入足球协会基于个人兴趣,付费参加足球协会组织的活动,付费支持自己钟爱的俱乐部,甚至通过成为会员来参加官方比赛。会员是以价值为导向的,会员首先追求的是等价的服务,会员满足基本需求后,转而欣赏体育协会的组织文化(Klenk[①],2015),甚至将协会视为自己的家园,当然,协会将提供优质的服务、优惠的价格和参加高水平竞技运动的机会,这是成为会员的一个福利(Gratton & Taylor[②],2000)。

足球协会的会费水平存在差异,原因是足球协会的分级制度,如果个人有兴趣参加竞技运动则需要支付更高的会员费,当然,俱乐部会设定了向低收入者提供服务的社会目标,社会弱势群体也可以参加足球俱乐部。为了使成员接受可能提高的会员费用,可以公布每年支出,减少信息不对称,因为透明度可以提高会员与俱乐部之间的信任。

一般而言,儿童和青少年会费较低,一些俱乐部为老年人、家庭和社会弱势群体提供减免费用(Breuer [③],2016;Lamprecht[④],2017)。美国足球俱乐部会员收费大体 15—20 美元/年,英国的体育俱乐部青少年会费6.60 欧元/月,瑞士儿童的会费 5.10 欧元/月,青少年 5.80 欧元/月,成年会员 9.80 欧元/月,接近 50% 的德国体育俱乐部最高会员费为儿童 3 欧

———————

①　Kiefer, S. (2015). Are riding club members willing to pay or work for overall quality improvement? *Managing Sport and Leisure*, 20(2), 100-116.

②　Gratton, C., & Taylor, P. (2000). *Economics of sport and recreation*. London, England: E & FN Spon.

③　Breuer, C., Wicker, P., & Swierzy, P. (2016). *Angemessene Mitgliedschaftsbeiträge in den Fußball: Und Leichtathletikvereinen des WFLV*. Cologne, Germany: Deutsche Sporthochschule Köln.

④　Lamprecht, M., Bürgi, R., Gebert, A., & Stamm, H. (2017). *Sportvereine in der Schweiz: Entwicklungen, herausforderungen und perspektiven*. Magglingen, Switzerland: Bundesamt für Sport BASPO.

元/月、青少年 4 欧元/月、成人 8 欧元/月（Breuer & Feiler[1]，2019），而商业健身俱乐部的平均会员费为每月 44 欧元/月（DSSV[2]，2018）。然而，究竟是什么因素决定协会会费的标准？

（四）决定会费水平的影响因素

现有研究成果主要涉及会员的意愿（Swierzy[3]，2018b），很少有研究涉及会费决定因素（Huth & Kurscheidt[4]，2019），足球俱乐部之间的会费不同显然是一个社会问题（Emrich[5]，2001；Rittner & Breuer[6]，2004），教练人数和服务质量可能与此相关（Kotler[7]，2000；Wicker[8]，2011）。基于年龄或收入等特征对同一产品或服务制定差异化价格，这是非营利体育组织的典型特征，因为它们的价值目标是社会取向（Emrich[9]，2001；An-

① Breuer, C., & Feiler, S. (2019). Sportvereine in Deutschland: Organisationen und personen. *Sportentwicklungsbericht für Deutschland* 2017/2018, *teil* 1. Bonn, Germany: Bundesinstitut für Sportwissenschaft.

② DSSV. (2018). *Eckdaten der deutschen Fitness-Wirtschaft* 2018. Hamburg, Germany: Arbeitgeberverband Deutscher Fitness und Gesundheits Anlagen.

③ Swierzy, P., Wicker, P., & Breuer, C. (2018b). Willingness-to-pay for memberships in nonprofit sports clubs: The role of organizational capacity. *International Journal of Sport Finance*, 13(3), 261-278.

④ Huth, C., & Kurscheidt, M. (2019). Membership versus green fee pricing for golf courses: The impact of market and golf club determinants. *European Sport Management Quarterly*, 19(3), 331-352.

⑤ Emrich, E., Pitsch, W., & Papathanassiou, V. (2001). *Die sportvereine: Ein versuch auf empirischer grundlage*. Schorndorf, Germany: Hofmann.

⑥ Rittner, V., & Breuer, C. (2004). *Gemeinwohlorientierung und soziale bedeutung des sports* (2nd ed.). Cologne, Germany: Sport und Buch Strauß.

⑦ Kotler, P. (2000). *Marketing management: Millennium edition* (10th ed.). Upper Saddle River, NJ: Prentice Hall.

⑧ Wicker, P. (2011). Willingness-to-pay in non-profit sports clubs. *International Journal of Sport Finance*, 6(2), 155-169.

⑨ Emrich, E., Pitsch, W., & Papathanassiou, V. (2001). *Die sportvereine: Ein versuch auf empirischer grundlage*. Schorndorf, Germany: Hofmann.

heier[①],2014；Young[②],2010）。

因此,现有研究体育协会会费大多是描述性结果（Lamprecht[③],2017；SRA[④],2018）。一般来说,会费定价受内部和外部因素的影响,前者涉及协会的运行成本和组织目标,后者主要是协会的市场需求和竞争（Shank & Lyberger[⑤],2015）,综合而言,协会根据运行成本、外部竞争、会员意愿和协会的具体情况决定会费水平（Feiler[⑥],2019）。

第一,运行成本。非营利组织一般采用确保成本的最低定价方法,成本是组织生产、推广和提供产品和服务的费用（Shank & Lyberger[⑦],2015）。协会具备捐款或补贴等其他收入来源,会费只是为了支付剩余费用（Kotler[⑧],2000）。协会为了确保基本运行,部分费用由会员费支付（Fischer & Tschurer[⑨],2011；Wicker[⑩],2011）。因此,教练、设备、设施和管

---

①　Anheier, H. K. （2014）. *Nonprofit organizations：Theory, management, policy* (2nd ed.). London, England：Routledge.

②　Young, D. R., Jung, T., & Aranson, R. （2010）. Mission：-market tensions and nonprofit pricing. *The American Review of Public Administration*, 40(2), 153-169.

③　Lamprecht, M., Bürgi, R., Gebert, A., & Stamm, H. （2017）. *Sportvereine in der Schweiz：Entwicklungen, herausforderungen und perspektiven*. Magglingen, Switzerland：Bundesamt für Sport BASPO.

④　SRA. （2018）. *Sports club survey report 2017/18*. London, England：Sport and Recreation Alliance.

⑤　Shank, M. D., & Lyberger, M. R. （2015）. *Sports marketing：A strategic perspective* (5th ed.). Oxford, England：Routledge.

⑥　Svenja Feiler, Pamela Wicker, & Christoph Breuer. （2019）. Nonprofit Pricing：Determinants of Membership Fee Levels in Nonprofit Sports Clubs in Germany. *International Journal of Sport Finance*, 14(4)：262-277.

⑦　Shank, M. D., & Lyberger, M. R. （2015）. *Sports marketing：A strategic perspective* (5th ed.). Oxford, England：Routledge.

⑧　Kotler, P. （2000）. *Marketing management：Millennium edition* (10th ed.). Upper Saddle River, NJ：Prentice Hall.

⑨　Fischer, D., & Tschurer, G. M. （2011）. *Kostenrechnung und beitragsgestaltung im sportverein*. Duisburg, Germany：Landessportbund Nordrhein-Westfalen.

⑩　Wicker, P. （2011）. Willingness-to-pay in non-profit sports clubs. *International Journal of Sport Finance*, 6(2), 155-169.

理等维持协会基本运行的费用对会费水平影响最大。

第二,外部竞争。一般而言,竞争被视为确定价格的外部关键因素,这就需要审查足球协会的外部竞争环境。外部竞争包括俱乐部规模、城市经济实力、城市人口规模、有效消费群体规模、俱乐部服务能力以及协会和项目的密集度等。俱乐部达到一定规模,会员的边际效用减少(Buchanan[①],1965;Cornes & Sandler[②],1986),因此,会费定价需要考虑到设定过低的费用会导致拥挤现象,而费用过高将导致俱乐部吸引力不足,从而导致每个会员的费用增加。不同运动项目的协会和同一城市是否存在几个协会至关重要,如果竞争对手的报价与自己的报价相似,价格也应该相似,这意味着足球、篮球、橄榄球以及健身室、舞蹈学校或网球馆等的会员价格应该相似,因此,协会所在地的体育项目密度对会员定价有影响(Hallmann[③],2015)。

第三,会员意愿。足球协会的会费每年由会员大会确定,会员是消费者、生产者和决策者,会员根据他们的意愿或支付能力决定会费水平。不同群体的会员支付不同的会费,成人会费高于儿童,从而有助于资助俱乐部推广青年工作(Nagel [④],2006)。因此,会费的确定是根据会员的意愿和利益,这也反映在协会目标中,个人加入体育俱乐部、俱乐部加入联盟都是成员分享共同利益的过程,协会目标可以是为社会弱势群体提供服务,也可以是为俱乐部谋利。当然,成员可能有兴趣参加会费更高的竞技运动,关键是会员是否愿意以特定价格购买协会提供的产品和服务,因

---

① Buchanan, J. M. (1965). An economic theory of clubs. *Economical*, 32(125), 1-14.

② Cornes, R., & Sandler, T. (1986). *The theory of externalities, public goods, and club goods*. Cambridge, UK: Cambridge University Press.

③ Hallmann, K., Feiler, S., & Breuer, C. (2015). Design and delivery of sport for all programmers: Should it be market, non-profit, or state-run? *International Journal of Sport Policy and Politics*, 7(4), 565-585.

④ Nagel, S. (2006). *Sportvereine im wandel: Akteurtheoretische analysen zur entwicklung von sportvereinen*. Schorndorf, Germany: Hofmann.

此,协会定位也是影响会员费水平的重要因素。

第四,收支情况。协会的收支平衡是基本要求。协会开支日益多样化导致会费水平上升,在协会开支中,教练费用最高,其次是体育设施的维护和运营费用,行政工作人员管理费用最低(Feiler[1],2019)。因此,影响会费水平最重要的因素是教练和设施。协会收入的多元化,协会收入通常是会员费和门票、补贴、捐款和赞助(Wicker[2],2012),其中,政府补贴发挥着重要作用(Feiler[3],2018),协会有资格获得不同领域的公共支持,例如,体育场地、设施和设备的支持,此外,赞助商的支持可以帮助俱乐部降低运动器材等方面的成本(Breuer & Feiler[4],2019),如运动衫由赞助商支付等。因此,收入多样化的俱乐部可能会降低会费水平。

第五,财务危机。面临财政问题的协会,会费水平较高。由于会费是俱乐部稳定的收入源,并且,会费比捐款或补贴等收入更直接(Wicker[5],2012)。协会在面临财政问题时通常会调整会费水平,董事会需要告知会员这种情况,并建议收取更高的会员费,通常状况下,会员愿意支付比目前更高的会员费。当然,协会还可以增加志愿者数量和提高志愿者服务水平,志愿工作在一定程度上可以减轻协会财政负担,节省协会的运行

[1]　Svenja Feiler, Pamela Wicker, & Christoph Breuer. (2019). Nonprofit Pricing: Determinants of Membership Fee Levels in Nonprofit Sports Clubs in Germany. *International Journal of Sport Finance*, 14(4):262-277.

[2]　Wicker, P., Breuer, C., & Hennigs, B. (2012). Understanding the interactions among revenue categories using elasticity measures: Evidence from a longitudinal sample of non-profit sport clubs in Germany. *Sport Management Review*, 15(3), 318-329.

[3]　Feiler, S., Wicker, P., & Breuer, C. (2018). Public subsidies for sports clubs in Germany: Funding regulations vs. empirical evidence. *European Sport Management Quarterly*.

[4]　Breuer, C., & Feiler, S. (2019). Sportvereine in Deutschland: Organisationen und personen. *Sportentwicklungsbericht für Deutschland* 2017/2018, teil 1. Bonn, Germany: Bundesinstitut für Sportwissenschaft.

[5]　Wicker, P., Breuer, C., & Hennigs, B. (2012). Understanding the interactions among revenue categories using elasticity measures: Evidence from a longitudinal sample of non-profit sport clubs in Germany. *Sport Management Review*, 15(3), 318-329.

费用,未成年儿童会员的父母更有可能承担志愿者工作(Swierzy[1],2018)。

三、协会包容与会员多样

长期以来,包容性被视为美国足球联合会(USSF)的价值所在,而会员的多样化是美国足球联合会(USSF)生存之本。由此导致的问题是,协会面临着会员之间的差异性及其导致的包容与排斥的悖论,如何增加协会的包容性? 如何避免会员的排他性?

(一)协会包容性与会员多样化的所指与能指

协会面临的挑战主要是:资金和管理不足(Bond[2],2007;Marquis[3],2008)、协会会员对变革的态度或排他性程度、协会会员对公平和平等的信念(Thomas & Plaut[4],2008),以及协会包容性与会员多样化的指标和标准不明确(Jayne & Dipboye[5],2004;Rosenfeld[6],2003)。那么,协会为什

① Swierzy, P., Wicker, P., & Breuer, C. (2018a). The impact of organizational capacity on voluntary engagement in sports clubs: A multi-level analysis. *Sport Management Review*, 21(3), 307-320.

② Bond, M. (2007). *Workplace Chemistry: Promoting Diversity through Organizational Change*. Lebanon, NH: University Press of New England.

③ Marquis, J., Lim, N., Scott, L., Harrell, M., & Kavanagh, J. (2008). *Managing Diversity in Corporate America: An Exploratory Analysis*. Santa Monica, CA: RAND Corporation.

④ Thomas, K., & Plaut, V. (2008). The many faces of diversity resistance in the workplace. In: Thomas, K (ed.) *Diversity Resistance in Organizations*. New York: Taylor & Francis, 1-22.

⑤ Jayne, M., & Dipboye, R. (2004). Leveraging diversity to improve business performance: Research findings and recommendations for organizations. *Human Resource Management*, 43(4): 409-424.

⑥ Rosenfeld, P., Landis, D., & Dalsky, D. (2003). Evaluating diversity programs. In: Edwards, J, Scott, J, Raju, N (eds) *The Human Resources Program-Evaluation Handbook*. Thousand Oaks, CA: SAGE, 343-362.

么要包容性？会员为什么要多样性？

事实上,行业协会最关键的问题是管理现有成员和识别潜在成员(Tschirhart[①],2008),体育协会的生存取决于招募和保留成员(Knoke & Prensky[②],1984;Greenwood[③],2002;Garner & Garner[④],2011)。行业协会的会员分为缴费会员和志愿者,志愿者的付出和会员的缴费是专业协会和行业协会生存之本。如果会员对协会提供的服务不满意,他们可以撤回会费和捐款。成员多元化导致诉求多样化,协会的领导人必须考虑如何应对成员之间的差异,成员多样性可能会影响协会的绩效(Cox[⑤],1993)。此外,会员寻求如何使自己的协会变得更好,可能导致包容性也可能导致排他性,更加重要的是,协会如何定义其成员资格边界(Lawrence[⑥],2004;Greenwood[⑦],2002),会员通常拒绝协会合并,因为他们不想接受不同身份的前竞争对手(Richardson and Jones[⑧],2007)。

[①]　Thomas, K. , & Plaut, V. (2008). The many faces of diversity resistance in the workplace. In: Thomas, K (ed.) *Diversity Resistance in Organizations*. New York: Taylor & Francis, 1–22.

[②]　Knoke, D, , & Prensky, D, (1984), What relevance do organization theories have for voluntary associations? *Social Science Quarterly*, 65(1): 3–20.

[③]　Greenwood, R. , Suddaby, R. , & Hinings, C. (2002). Theorizing change: The role of professional associations in the transformation of institutionalized fields. *Academy of Management Journal*, 45(1): 58–80.

[④]　Garner, J. , & Garner, L. (2011) Volunteering an opinion: Organizational voice and volunteer retention in nonprofit organizations. *Nonprofit and Voluntary Sector Quarterly*, 40(5): 813–828.

[⑤]　Cox, T. (1993). *Cultural Diversity in Organizations: Theory, Research, and Practice*. San Francisco: Berrett-Koehler,327.

[⑥]　Lawrence, T. B. (2004). Rituals and resistance: Membership dynamics in professional fields. *Human Relations*, 57(2): 115–143.

[⑦]　Greenwood, R. , Suddaby, R. , & Hinings, C. (2002). Theorizing change: The role of professional associations in the transformation of institutionalized fields. *Academy of Management Journal*, 45(1): 58–80.

[⑧]　Richardson, A. J. , & Jones, D. G. B. (2007). Professional "brand," personal identity and resistance to change in the Canadian accounting profession: A comparative history of two accounting association merger negotiations. *Accounting History*, 12(2): 135–164.

显然,外部的生存压力和内部组织文化,共同导致协会致力于实施多样性计划(Dobbin[①],2011)。协会包容性与会员多样化,源于协会满足会员需求、避免违反法律和监管审查,也是协会对社会正义和社会公平的承诺(Pitts & Wise[②],2010)。重视协会会员多样性,特别是在性别和种族方面,是一种道德和伦理要求(Tomlinson & Schwabenland[③],2010),会员多样性也可能是确保会员合理性的必需品(Herring[④],2009;Van Dick[⑤],2008;Van Knippenberg[⑥],2011;Wise & Tschirhart[⑦],2000)。此外,协会包容性与会员多样化可能与激励、身份和权力密切相关(Tschirhart & Leiter[⑧],2016),领导者试图通过多样性计划,改变会员身份以反映协会包容性的价值,并利用组织结构变革或者强化责任制来嵌入协会包容性与会员多样化。

美国学者调查了得克萨斯州、加利福尼亚州、芝加哥地区、马萨诸塞

---

① Dobbin, F., Kim, S., & Kalev, A. (2011). You can't always get what you need: Organizational determinants of diversity programs. *American Sociological Review*, 76(3): 386-411.

② Pitts, D. W., & Wise, L. R. (2010). Workforce diversity in the new millennium: Prospects for research. *Review of Public Personnel Administration*, 30(1): 44-69.

③ Tomlinson, F., & Schwabenland, C. (2010). Reconciling competing discourses of diversity? The UK non-profit sector between social justice and the business case. *Organization*, 17(1): 101-121.

④ Herring, C. (2009). Does diversity pay? Race, gender and the business case for diversity. *American Sociological Review*, 74(2): 208-224.

⑤ Van Dick, R., Van Knippenberg, D., & Hägele, S. (2008). Group diversity and group identification: The moderating role of diversity beliefs. *Human Relations*, 61(10): 1463-1492.

⑥ Van Knippenberg, D., Dawson, J., West, M., & Homan, A. (2011). Diversity fault lines, shared objectives, and top management team performance. *Human Relations*, 64(3): 307-336.

⑦ Wise, L., & Tschirhart, M. (2000). Examining empirical evidence on diversity effects: How useful is diversity research for public sector managers? *Public Administration Review*, 60(5): 386-394.

⑧ Tschirhart, Mary, Leiter, Jeffrey. (2016). The paradox of inclusion and exclusion in membership associations. *Human Relations*, 69(2): 439-460.

州、华盛顿特区和北卡罗来纳州的协会16个专业协会、2个行业协会和5个混合专业/行业协会(Tschirhart & Leiter[①],2016)。每个协会都承认成员的多样性以及包容性和排他性问题,协会预算规模、地理位置和组织部门之间的差异,协会都面临着资金困难、管理困难和缺乏拥护者等挑战。激励、权力和身份成为关键因子,激励集中于成员从协会中获得的利益,权力关注谁拥有控制权,身份关注协会类别和成员身份。

当然,协会包容性与会员多样性具备多种含义,多样性原本就是组织的特殊属性(Williams & O'Reilly[②],1998),一个组织可以建立自己对多样性的理解(Janssens & Zanoni[③],2005),多样性可以理解为种族、性别、教育背景、专业领域之间的差异,协会会员的多样性与包容性、排斥性一样,然而,多样性不同于包容性,多样性计划可能涉及也可能不涉及包容性计划(Roberson[④],2006),现有文献尚未厘清协会领导者如何定义和使用"多样性"和"包容性"。

(二)协会包容性与会员多样化的利弊

第一,协会包容性与会员多样化是一把双刃剑,倡导协会包容性与会员多样化能够获得社会认同,满足成员的利益诉求能够提高协会效率,然而,多样化成员的不同愿望可以使协会变得松散,抵制多样性则源于对成员威胁的感知程度。事实上,协会包容性与会员多样化的首要问题是参与者的努力程度与预期收入不匹配,其次是利益分配失衡,再次是会员的代表性不足,协会现实情况是成员需求的差异很大,难以达成某种平衡,

---

①　Tschirhart, Mary, Leiter, Jeffrey. (2016). The paradox of inclusion and exclusion in membership associations. *Human Relations*, 69(2), p. 439-460.

②　Williams, K. , & O'Reilly, C. (1998). Demography and diversity in organizations: A review of 40 years of research. *Research in Organizational Behavior*, 20(1): 77-140.

③　Janssens, M. , & Zanoni, P. (2005). Many diversities for many services: Theorizing diversity (management) in service companies. *Human Relations*, 58(3): 311-340.

④　Roberson, Q. M. (2006). Disentangling the meanings of diversity and inclusion in organizations. *Group & Organization Management*, 31(2): 212-236.

协会不可能满足所有人的需求甚至在某些问题上无法达成一致。

第二,协会包容性与会员多样化面临的迫切性问题是协会中的权力如何分配?谁拥有控制权?现有成员担心协会扩张会导致他们利益受损或者削弱他们对协会的控制。事实上,任何组织都面临着控制权问题,谁拥有?谁参与?怎么参与?都是核心问题。包容性可以解释为协会晋升通道畅通,而排他性则是协会晋升通道关闭,协会与会员最终要在接受多样性与重新分配权利之间抉择。允许初级成员加入决策层,从而为决策层带来多样性,长期任职的成员最终收获决策层多元化的好处。如果协会高级成员仍在保护通往决策层的道路,拒绝将协会领导职位交给年轻、初级的成员,协会将走向封闭。事实上,即使现任成员不会阻止更多成员加入协会,他们仍可能会在该协会内保留高级职位。协会排斥新成员的做法很多,最简单的就是制定会员入会标准。

第三,身份危机。如果协会更加包容成员更加多样,我们是谁?这是一个创始成员关心的问题,也是协会应该为谁服务的问题,这有可能改变协会成立时的价值观。初始成员可能会感到沮丧,无法与新成员融合,进而产生排他性。个人偏爱自己的组织而不是不属于他们的群体(Tajfel & Turner[1],1986),这是社会类别和归属感的建立过程,社会身份会影响对协会包容性与会员多样化计划的评估和回应(Tran[2],2011)。身份问题还会引发抵制跨协会合作计划,显然,跨协会的合作将威胁伙伴合作组织的自治性和排他性,领域相似的协会合作则他们可能会失去自治和认同感(Gray & Wood[3],1991),跨协会合作计划可能会损害协会的独特性,损

---

① Tajfel, H., & Turner, J. (1986). *The social identity theory of intergroup behavior.* In: Winchell, S, Austin, W (eds) The Psychology of Intergroup Relations. Chicago: Nelson-Hall, 7–24.

② Tran, V., Garcia-Prieto, P., & Schneider, S. (2011). The role of social identity, appraisal, and emotion in determining responses to diversity management. *Human Relations*, 64(2): 161–176.

③ Gray, B., & Wood, D. (1991). Collaborative alliances: Moving from practice to theory. *Journal of Applied Behavioral Science*, 27(1): 3–21.

害成员的身份认同和归属感。

(三)包容性与排他性的悖论

协会管理面临一个基本的悖论——包容还是排他。

对于协会而言,多样性举措包括通过定义成员资格来保留身份,同时通过包容新成员来重塑身份边界。为了吸引新成员并保持现有成员的地位,协会提供了物质、社会和象征性资源,它们对现有成员和潜在成员的吸引力通常取决于专属性和限制性,即成员在加入时获得专有利益或者成员资格本身是专有的,专有资源或选择性激励(Olson [1],1965),随着会员人数的增加,可能会变得更有价值或更便宜。但是,现任成员可能会试图垄断其他类型的资源,结果是抵制试图增加的协会成员(Gonzalez[2],2010;Weber[3],1978)。协会可以培养一种独特的身份认同感(Knoke & Prensky[4],1984),强化吸引和吸收新成员加入协会的使命,并促使他们分享权利及成本。一旦建立了组织身份,就可以对其进行规范性激励(Albert & Whetten[5],1985;Glynn[6],2000;Gray[7],2012)。

包容性与排他性悖论中的紧张是系统的固有特征,是行为者的认知

---

① Olson, M. (1965). *The Logic of Collective Action: Public Goods and the Theory of Groups*. Cambridge, MA: Harvard University Press.

② Gonzalez, J. (2010). Diversity change in organizations: A systemic, multilevel, and nonlinear process. *Journal of Applied Behavioral Science*, 46(2): 197–219.

③ Weber, M. (1978). *Economy and Society*. Roth, G, Wittich, C (eds). Berkeley: University of California Press.

④ Knoke, D., & Prensky, D. (1984). What relevance do organization theories have for voluntary associations? *Social Science Quarterly*, 65(1): 3–20.

⑤ Albert, S., & Whetten, D. (1985). Organizational identity. In: Cummings, L, Staw, B (eds) *Research in Organizational Behavior: An Annual Series of Analytical Essays and Critical Reviews*. Greenwich, CT: JAI, 263–295.

⑥ Gilbert, J. A., & Ivancevich, J. M. (2000). Valuing diversity: A tale of two organizations. *Academy of Management Perspective*, 14(1): 93–105.

⑦ Gray, B., Stensaker, I., & Jansen, K. (2012). Qualitative challenges for complexifying organizational change research: Context, voice, and time. *The Journal of Applied Behavioral Science*, 48(2): 121–134.

所产生的社会结构紧张(Smith & Lewis [1],2011),而包容性的提高可能会改变协会现有成员的排他性思想,鉴于会员加入协会试图获得物质、社会和象征性资源的本质特征,以及加强身份和控制权的强烈愿望,协会回应包容性与排除性悖论亟待一些策略。

(四)解决之道

一是将协会包容性和会员多样化纳入法律框架。协会包容性和会员多样化对于协会成长、发展战略、组织变革都是至关重要的,协会的包容性和会员的多样化能够有效促进选择性激励,政府应将协会包容性与成员多样性视为协会组织乃至社团结社的法律依据(Cox & Blake [2],1991)。事实上,缺乏法律支撑和国家干预将导致组织排斥(Jonsen [3],2013)。

二是重构组织文化,强调多元文化。重视差异并构建一种欣赏多元包容的组织文化是协会发展的基础所在(Gilbert & Ivancevich [4],2000)。协会包容性和会员多样化是社会正义的体现,当然,这种包容、公平和正义的组织文化需要社会文化的依托和协会高层的推行。协会的真正价值体现在成员将自己视为协会的一部分,每个成员都充分参与协会决策,在此过程中成员获得归属感和满足感,使得协会具备一种内在的价值,会员根据共同的价值观,规范自己的行为,营造共同的家园。协会领导者可以通过加强会员与协会的联系,让会员拥有身份意识,帮助会员看到增加包容性不会减弱他们的身份,并且,将包容性嵌入到身份和组织过程中,内

① Smith, W. , & Lewis, M. (2011). Toward a theory of paradox: A dynamic equilibrium model of organizing. *Academy of Management Review*, 36(2): 381-403.

② Cox, T. H. , & Blake, S. (1991). Managing cultural diversity: Implications for organizational competitiveness. *Academy of Management Executive*, 5(3): 45-56.

③ Jarzabkowski, P. , Le, J. K. , & Van de Ven, A. (2013). Responding to competing strategic demands: How organizing, belonging, and performing paradoxes convolve. *Strategic Organization*, 11(3): 245-280.

④ Gonzalez, J. (2010). Diversity change in organizations: A systemic, multilevel, and nonlinear process. *Journal of Applied Behavioral Science*, 46(2): 197-219.

化为定义会员资格的一部分,协会甚至可以拒绝任何不重视多样性的成员或潜在成员。追求包容并不意味着要赢得会员而是要赢得未来,创造一个包容性的环境,在求同存异中建立良好的组织环境。

三是将协会包容性和会员多样化落实在结构与政策层面。协会包容性和会员多样化是协会组织结构调整和制定政策的重点(Kalev[①],2006;Pitts[②],2009)。协会在个人、团体、组织和网络等所有环节都需考虑协会的包容性和会员多样化,并与其他组织合作吸引会员以增加协会包容性和会员多样化。协会设置确保多样性的权力部门和问责机制,将协会包容性和会员多样化举措视为协会的标准,关键是将这些措施制度化。

显然,协会的包容性与会员的多样化受到协会资源、会员态度和管理能力的限制,协会包容性和会员多样化举措也可能造成组织变革和奖励稀缺,进而引发会员的排他性。协会致力于改变组织文化、强化身份意识以及利用协会结构和政策的调整,制定嵌入协会包容性和会员多样化的策略,使协会的包容性与会员的多样化合法化并内化,应对包容性和排斥性的悖论,然而,这些策略是如何相互补充和交织在一起的,尚没有明确的结论。协会高层有义务制定长期的策略并将其制度化,权衡包容性与排他性的利弊、平衡初始成员与新成员的诉求,使协会变得更具包容性。如果协会积极地追求多元化,能够应对包容与排斥的紧张关系,那对成员参与协会会有所帮助,会影响成员对紧张关系和组织策略的意识,形成协会包容性和会员多样化的组织文化。

四、协会治理和决策过程

美国足球联合会(USSF)治理的核心问题是:谁决策? 谁参与? 权利

---

① Kalev, A. , Dobbin, F. , & Kelly, E. (2006). Best practices or best guesses? Assessing the efficacy of corporate affirmative action and diversity policies. *American Sociological Review* , 71(4): 589–617.

② Pitts, D. (2009). Diversity management, job satisfaction, and performance: Evidence from U.S. federal agencies. *Public Administration Review* , 69(2): 328–338.

如何分配？这三个问题与会员息息相关。与之相对应的问题是：美国足球协会(USSF)的组织结构以及协会的决策过程及影响因素。

(一) 美国足球联合会谁决策、谁参与

谁决策和谁参与是美国足球协会治理的核心问题，美国足球联合会(USSF)的决策由董事会和理事会作出。理论上，全体会员参与且选举产生董事会。实践中，其组织结构决定了谁决策，董事会领导者可以决定谁参与决策，参与者对领导风格的理解以及与董事会合伙人的关系决定了谁权力更大。

美国足球协会的章程是董事会组织结构、成员构成及责权利、内部关系、审计和信息披露以及高级管理人员的招聘和解雇的一系列制度安排。协会能否实现善治很大程度上是制度设计的结果，协会制度设计和组织结构之间的差异导致组织冲突(Amis,Slack & Berrett[①],1995)。总体而言，体育协会存在专制、协商、集体决策三种治理模式，专制是董事长/总经理决策，协商是在作出决定之前考虑成员的贡献，董事之间进行谈判和协调利益相关者之间的关系，集体决策是在董事会成员共同参与下做出的，并可以通过投票或协商一致的方式来完成，这清晰地描述了非营利体育组织中的董事会主席与董事会成员之间的关系。

美国足球联合会(USSF)致力于形成集体协商的治理模式。董事会主席是体育协会决策的决定性因素(Vroom & Jago[②],1974)，事实上，美国足球联合会(USSF)的董事长是决策者，决策者的兴趣可能成为协会的管理方向。因此，必须建立集体决策制度，防止联合会由个人主导，以及董事会、总经理、会员之间的利益冲突(De Barros,Barros & Correia[③],2007)。

① Amis, J. , Slack, T. , & Berrett, T. (1995). The structural antecedents of conflict in voluntary sport organizations. *Leisure Studies*, 14(1): 1-16.

② Vroom, V. H. , & Jago, A. G. (1974). Decision making as a social process: normative and descriptive models of leader behavior. *Decision Sciences*, 5: 743-769.

③ De Barros, C. , Barros, C. , & Correia, A. (2007). Governance in sports clubs: Evidence for the Island of Madeira. *European Sport Management Quarterly*, 7(2): 123-139.

有研究指出,董事会会议上做出的决策中有 63.7%是协商的结果,有 13.5%的决策是基于两个或多个参与者(尤其是主席和副主席)之间的协议的结果,其余的体育主管声称立场不明确甚至无动于衷(Soares①, 2010)。显然,基于协商的决策方式比专制风格和投票决定更为普遍,协商决策中董事会主席保留了对信息和资源的更大控制权。

美国足球联合会(USSF)的组织运作类似于政治游戏,政治游戏中的利益相关者都能够影响决策,各方博弈妥协达成决策(Mintzberg, Ahlstrand & Lampel②,2000)。利益相关者存在各自的诉求和目标并控制着协会运作的各种资源,包括权力、法规、财政、人员、信息。权力是问题的核心,权力斗争无法回避政府干预,召开会议做出战略决策既是内部斗争的契机也是内部斗争的对象(Mintzberg③, 1989; Crosset & Beal④, 1997; Hay⑤,1997),任何组织的权力斗争都是常态,这些斗争源于利益相关者所持观点、思想和目标的多样性(Bernoux⑥, 1985; Morgan⑦, 2006)。政府的体育政策是决定美国足球协会(USSF)战略的最重要因素,国家联合会

---

① Jorge Soares, Abel Correia, & Antonio Rosado. (2010). Political Factors in the Decision-making Process in Voluntary Sports Associations. *European Sport Management Quarterly*, 10(1):5-29.

② Mintzberg, H., Ahlstrand, B., & Lampel, J. (2000). *Safari de estratégia: Um roteiro pela selva do planeamento estratégico*, Porto Alegre: Bookman Brasil.

③ Mintzberg, H. (1989). *Inside our strange world of organisations*, New York: The Free Press.

④ Crosset, T., & Beal, B. (1997). The use of "subculture" and "subworld" in ethnographic works on sport: A discussion of definitional distinctions. *Sociology of Sport Journal*, 14: 73-85.

⑤ Hay, C. (1997). Divided by a common language: Political theory and the concept of power. *Politics*, 17(1): 45-52.

⑥ Bernoux, P. (1985). *La sociologie des organisations*, Paris: Éditions du Seuil.

⑦ Morgan, G. (2006). *Images of organisation*, Thousand Oaks, California: Sage Publications.

制定规章制度并控制着美国足球协会(USSF)(Soares[1], 2010)。事实上,在缺乏透明度和责任制的政治体系中,政治干预频繁发生,甚至不允许自治的民间社会组织和不受控制的公共空间存在。

(二)美国足球协会的组织结构

美国足球联合会(USSF)管理机构通常是:董事会主席、副主席、总经理(技术总监)、专项委员会等。董事会主席在决策过程中具有决定性影响。技术总监不是民选也不是董事会成员,而是由董事会主席或董事会提名。董事会主席通常亲自担任协调工作,主席或者副主席主持技术理事会,由董事会邀请俱乐部教练或者资深人士成立咨询机构。一般而言,主要负责人不仅具有合格的专业资格,而且具备体育教育的资格,负责解决专业性问题和协调培训人员。当然,很多协会的部门主管是志愿者,缺乏解决问题所必需的信息。

美国足球联合会(USSF)是非营利性体育组织,旨在谋求社会公共利益,致力于为会员提供服务,具备明显的私营性和自治性特征。国家承认该组织有权获得公共财政支持,享受普通/特殊公共补助或者补贴,其任务是促进足球运动的推广和各项计划的实施,并充当特定体育活动所属俱乐部网络的监管机构。事实上,美国足球协会通常需要大量公共资金的支持(Barros & Lucas[2], 2001)。在国家一级,协会通常隶属于不同项目的联合会,它们在各自领域拥有发言权,尤其是发展计划、竞争框架和法律法规,它们是促进足球俱乐部成长和协会发展的主要力量,对潜力运动员的训练和指导起着至关重要的作用。

公司治理的基本问题是确保董事和管理人员为股东、会员和组织的

---

① Jorge Soares, Abel Correia, & Antonio Rosado. (2010). Political Factors in the Decision-making Process in Voluntary Sports Associations. *European Sport Management Quarterly*, 10(1):5-29.

② Barros, C., & Lucas, J. (2001). Sports managers and subsidies. *European Sport Management Quarterly*, 1(2): 112-123.

利益服务(Williamson[①],2002),显然,公司治理并不适合非营利性体育组织(Taylor & McGraw[②],2006)。非营利性体育组织更加注重社交关系、志愿者、团队合作等非正式方面因素,这些与正式的管理流程相冲突。由于这些原因,足球协会治理关键是理事会成员之间的权力分配和协同共治,人们试图将这些问题制度化,进而获得协会成员和社会公众的认可,但是,正式制度与非正式制度毕竟是有区别的,只能尽量融合。体育治理关注决策挑战、协调利益相关方、应对不断变化的环境和董事会领导(Ferkins,Shilbury & McDonald[③],2005),公司治理关注公司所有权和控制权方面,那么,权利配置与决策过程就成为了美国足球协会治理的关键问题。

(三) 美国足球协会的权利配置

关于协会的权利配置,董事会和专业委员会各有职责,在组织运行层面,董事、经理和教练各自拥有资源及影响力,资源和能力决定了权力来源和权利分配。当然,社会结构中具有特定技能和资历的某些个人和群体能够比其他人更成功地运作(Beamish[④],1985),具有较高社会经济地位的董事更有可能实现自己的目标,并在志愿体育组织中发挥更大的影响力。

专业知识和管理经验是足球协会权利配置的关键因素。在志愿体育组织中,往往是角色模糊,即权力分配、规则和职责含糊不清,导致组织设计和任期制度不明确,会给体育组织带来麻烦。然而,大多数决策权可能

---

① Williamson, O. E. (2002). The theory of the firm as governance structure: from choice to contract. *Journal of Economic Perspectives*, 16(3): 171-195.

② Taylor, T., & McGraw, P. (2006). Exploring human resource management practices in nonprofit sport organisations. *Sport Management Review*, 9: 229-251.

③ Ferkins, K., Shilbury, D., & McDonald, G. (2005). The role of the board in building strategic capability: Towards an integrated model of sport governance. *Research Sport Management Review*, 8: 195-225.

④ Beamish, R. (1985). Sport executives and voluntary associations: A review of the literature and introduction to some theoretical issues. *Sociology of Sport Journal*, 2: 218-232.

由关键人物承担,并且,在董事会中权利平均地分配给关键人物,协会治理依赖于他们的专业知识和管理经验。足球协会治理更多地依赖董事会成员、团队经理和教练(Cuskelly, Hoye & Auld[1], 2006; Cuskelly, Taylor, Hoye & Darcy[2], 2007)。在董事会专业人员占多数且决策过程是非结构化的情况下,主要是由总经理协助董事会做出决策,因为高管和专业人士主导着技术和体育信息,并且对组织的特定问题有更多的了解。因此,在体育协会领域中,专业人士可能主要担任高级职务,他们可能会在体育协会决策中具有很大的影响力,并且,体育经验的重要性与体育协会管理层的收入直接相关。事实上,在业余爱好者管理的协会中,董事往往对各自的运动及其活动缺乏技术知识,协会运作困难重重。

内部联盟是美国足球协会内部权力的真正来源(Mintzberg, Quinn & Ghoshal[3], 1995; Mintzberg[4], 2000)。美国足球协会内部联盟通常由董事会主席和负责财务管理的董事或副总裁组成,因此,董事会主席和副主席起着关键性作用。社会建构主义认为,领导能力、信任程度、信息和责任是董事会绩效的关键要素(Hoye[5], 2007; Hoye & Cuskelly[6], 2003a; Hoye &

---

[1] Cuskelly, G., Hoye, R., & Auld, C. (2006). *Working with volunteers in sport: Theory and practice*, London: Routledge.

[2] Cuskelly, G., Taylor, T., Hoye, R., & Darcy, S. (2007). Volunteer management practices and volunteer retention: A human resource management approach. *Sport Management Review*, 9: 141-163.

[3] Mintzberg, H., Quinn, J. B., & Ghoshal, J. (1995). *The strategy process*, London: Prentice Hall.

[4] Mintzberg, H., Ahlstrand, B., & Lampel, J. (2000). *Safari de estratégia: Um roteiro pela selva do planeamento estratégico*, Porto Alegre: Bookman Brasil.

[5] Hoye, R. (2007). Commitment, involvement and performance of voluntary sport organisation board members. *European Sport Management Quarterly*, 7(1): 109-121.

[6] Hoye, R., & Cuskelly, G. (2003a). Board - executive relationships within voluntary sport organisations. *Sport Management Review*, 6: 53-74.

Cuskelly[1],2003b),因此,有必要了解董事和经理之间的博弈(William-son[2],2002),甚至可以将对美国足球协会治理理解为权力博弈和团体利益的争夺(Morgan[3],2007;Ferkins,Shilbury & McDonald [4],2005)。美国足球协会执行层与决策层之间建立信任关系,执行层人员能够参加董事会会议,便于执行决策和管理组织,形成稳固的权力联盟。建立共同的责任是权利联盟形成的基础,董事会成员和志愿者教练的价值已得到公认,并被视为协会管理层基石。此外,对信息掌握程度构成了协会权力分配的动力来源,领导者与协会技术人员和教练的沟通与合作,对于管理美国足球协会的资源以及指导委员会的决定至关重要。

当然,美国足球协会过分依赖于公共资金和外部伙伴关系,将导致协会权利结构的失衡,进而导致协会失去自治的基础。根据资源依赖理论,组织策略是由控制资源的一方来决定的(Pfeffer&Salancik[5],1978)。外部权力会控制协会策略,加拿大体育部推动体育组织变革导致其走向了一种官僚结构,享有特权必定与体育协会宗旨产生冲突(Macintosh & Whitson[6],1990)。显然,善治旨在解决协会治理体系中的缺陷(Aguilera & Cuervo Cazurra[7],2004),关键是美国足球协会权利配置,而对于美国足球

---

[1]　Hoye, R., & Cuskelly, G. (2003b). Board power and performance within voluntary sport organisations. *European Sport Management Quarterly*, 3(2): 103–119.

[2]　Williamson, O. E. (2002). The theory of the firm as governance structure: from choice to contract. *Journal of Economic Perspectives*, 16(3): 171–195.

[3]　Morgan, G. (2006). *Images of organisation*, Thousand Oaks, California: Sage Publications.

[4]　Ferkins, K., Shilbury, D., & McDonald, G. (2005). The role of the board in building strategic capability: Towards an integrated model of sport governance. *Research Sport Management Review*, 8: 195–225.

[5]　Pfeffer, J., & Salancik, G. (1978). *The external control of organisations*, New York: Harper and Row.

[6]　Macintosh, D., & Whitson, D. (1990). *The game planners: Transforming Canada's sport system*, Montreal & Kingston: McGill-Queen's University Press.

[7]　Aguilera, R. V., & Cuervo Cazurra, A. (2004). Codes of governance worldwide: what are the triggers?. *Organization Studies*, 25(3): 415–443.

协会决策过程的研究是不足的,美国足球协会的决策过程以及内外部影响因素亟待研究(Soares[1],2010)。

(四) 美国足球协会的决策过程及影响因素

决策过程是美国足球协会治理的关键所在,协会决策的影响因素可以分为内部因素和外部因素,内部因素主要是关键人物及权力集团、专业知识与信息沟通、信任与合作,外部因素主要是公共体育政策、下属俱乐部、外部关系网络、媒体的力量、教练与裁判。

第一,关键人物及权力集团。诚如上文所言,所有协会中都存在内部联盟,起主导作用的是拥有财务、事务和信息控制权的主席和副主席。主席往往比其他人具有更大的权力,主席通常根据自己的理解,强调拥有庞大的基础是协会生存之本,构建分级分层的男女球队对于维持协会运行至关重要,根据比赛成绩将其分为几组,这很容易获得董事会的一致认同,从而主席获得更大的影响力。一般而言,足球拥有财务控制权的董事、协会的副主席或财务总监等会组成权利联盟,但是,这需要董事会主席与副主席或财务总监之间的信任。

第二,专业知识与信息沟通。管理层的专业知识是决策的重要因素,如果主席具备专业知识、运动技能和体育背景,则他更具影响力。管理层的关键人物掌握专业知识,可以有效监督协会的运作。比专业知识更重要的是信息量,董事的权力与他们拥有的信息量高度相关,信息的获取决定了资源的控制以及会员之间的关系。一般而言,协会必须考虑董事会与执行层的关系及其对绩效的影响(Hoye & Cuskelly[2],2003a;Hoye &

---

① Jorge Soares, Abel Correia, & Antonio Rosado. (2010). Political Factors in the Decision-making Process in Voluntary Sports Associations. *European Sport Management Quarterly*, 10(1):5-29.

② Hoye, R., & Cuskelly, G. (2003a). Board - executive relationships within voluntary sport organisations. *Sport Management Review*, 6:53-74.

Cuskelly①,2003b）。

第三,信任与合作。主席显然是决策的主要权力来源,美国足球协会（USSF）的主席通常是由选举产生的业余人员,而这些业余人员几乎没有时间来执行管理任务,因此,他们很自然地选择副主席和总经理以及专项委员会,以承担协会的具体管理工作。大多数董事缺乏时间,但他们有兴趣保持与决策层和执行层的合作,董事之间的友谊、社交、共同爱好是在协会治理中至关重要,应该充分了解董事的诉求（Kikulis②,2000）,大多数高级官员当选增加了他们对组织目标的承诺和责任（Hoye③,2007；Hoye & Cuskelly④,2003a；Hoye & Cuskelly⑤,2003b）。业余总裁与总经理和委员会之间需要密切合作,尽管董事会主席保留决策权,但他们缺乏足够的时间来更好地控制资源和信息。

第四,公共体育政策。足球协会决策必须考虑公共体育政策以及公共资金的影响,毕竟足球协会需要获得公共资金的支持来开展活动。尽管足球协会是非营利性自治组织,其董事会由相关俱乐部选举产生,但它们还是非常希望获得公共补贴的支持。由此,协会的政策干预不同程度地存在,这是地区政府或地区立法议会的权限,他们通过补贴、赞助以及基础设施的维护和修理等方式影响协会运作。因此,足球协会建立与地方政府的良好合作关系非常重要（Barros &Lucas⑥,2001）。

---

①　Hoye, R. , & Cuskelly, G. (2003b). Board power and performance within voluntary sport organisations. *European Sport Management Quarterly*, 3(2): 103–119.

②　Kikulis, L. M. (2000). Continuity and change in governance and decision making in national sport organisations: institutional explanations. *Journal of Sport Management*, 14(4): 293–320.

③　Hoye, R. (2007). Commitment, involvement and performance of voluntary sport organisation board members. *European Sport Management Quarterly*, 7(1): 109–121.

④　Hoye, R. , & Cuskelly, G. (2003a). Board‐executive relationships within voluntary sport organisations. *Sport Management Review*, 6: 53–74.

⑤　Hoye, R. , & Cuskelly, G. (2003b). Board power and performance within voluntary sport organizations. *European Sport Management Quarterly*, 3(2): 103–119.

⑥　Barros, C. , & Lucas, J. (2001). Sports managers and subsidies. *European Sport Management Quarterly*, 1(2): 112–123.

第五,下属俱乐部。根据章程,足球协会的董事由协会下属的俱乐部选举产生,选举理事会和其他成员的时间最好与奥林匹克运动会的周期相符,为期四年,足球协会的大部分决定取决于俱乐部理事的决定和影响。下属俱乐部在组织会员大会的审议中具有重大权力,在会员大会中,普通会员(俱乐部)享有投票权,并且,根据俱乐部的成绩制定权重。从这个意义上说,协会的权力和决策取决于政治决定和下属俱乐部的投票。

第六,外部关系网络。为了使协会能够顺畅解决一些问题,协会主席与地区行政主管建立良好的个人联系非常重要,这种联系可能基于共同的兴趣也可能是共同利益的驱使。协会更青睐与公共机构有联系的董事会成员,协会注重董事与外部组织以及拥有权力和权威的个人建立良好的私人关系,注重体育主管与私人企业管理者之间建立广泛的联系,这符合协会共同利益,有助于获得服务和设施以及体育赞助方面的支持。事实上,董事会成员担任其他机构的要职是一种普遍做法,这可以为协会运作提供资源。

第七,媒体的力量。媒体在协会中的作用日益重要,媒体在体育成绩的交流、体育赛事的报道和赞助组织的宣传中发挥着不可替代的作用,奥林匹克运动员作为形象大使,可以看作是促进协会发展的最佳机会。

第八,教练与裁判在协会决策中的作用。协会需要与教练合作以寻求一种最佳训练方法和培训方案,制定优先培养潜在人才的战略。董事会特别关注裁判,董事会和委员会更愿意让裁判委员会中值得信赖的人进入董事会,甚至出任委员会主任或者董事会主席。此外,俱乐部和协会之间存在外部联盟,董事会主席与裁判委员会成员存在交叉,章程并没有否定主管或技术职务与裁判职能的交叉,这种情况值得反思。

五、协会会员的民主参与

从治理的视角,美国足球协会(USSF)决策过程的民主参与程度是获得社会认可的关键。足球协会治理的民主参与分为三个层面:宏观层面的国家、中观层面的组织、微观层面的个体,三者相互关联,国家与组织为会员民主参与夯实基础,微观层面的个体是会员民主参与的实践过程。

(一)会员民主参与的定义与形式

足球协会是由成员自愿组成和自由选择的正式联盟(Horch[①],1992),这些成员在正式结构框架内共同追求特定目标,正式结构意味着协会有章程、会员责权利明确和具备完善的民主程序(Gundelach[②],1988)。

会员民主参与可分为:参加正式民主和参加非正式民主,正式民主即参加会员大会、正式决策大会和其他正式会议,非正式民主则是会员与协会董事会成员进行会谈和讨论,以解决协会的问题和影响协会的决策。

会员民主参与是足球协会获得社会认可、公共财政支持和协会合法化的基础。研究表明,会员参与协会民主活动的程度取决于国家、组织和个体三个层面的因素。

(二)宏观层面的国家

国家制度、政治文化与公民民主权之间存在相关性(Almond & Ver-

---

① Horch, H. D. (1992). *Geld, Macht und Engagement in freiwilligen Vereinigungen. Grundlagen einer Wirtschaftssoziologie von Non-Profit-Organisationen* [*Money, power and commitment in voluntary associations. Foundations of an economic sociology of non-profit organizations*]. Berlin: Duncker & Humblot.

② Gundelach, P. (1988). *Sociale bevægelser og samfundsændringer* [*Social movements and social change*]. Aarhus: Politica.

ba①,1963；Wuthnow②,1991；Putnam③,1993；Van Deth④,2007），公民民主权的基础是公民社会（Hoskins，B. L. & Mascherini⑤,2009），公民民主权决定因素是国家立法、公共援助和民主文化，协会民主是为响应政治的行动（Eisinger⑥,1973；Tarrow⑦,1994；Kriesi⑧,1995；Meyer⑨,2004）。

国家力量和政治生态影响会员参与民主的程度和方式，在成熟的公民社会协会会员民主参与程度较高。协会是个人与国家之间的中介，协会与地方政府是合作关系，协会成员通过利益的内聚和表达整合在社会结构中（Warren⑩,2001；Warren⑪,2003；Freise & Hallmann⑫,2014）。协会

① Almond, G. A., & Verba, S. (1963). *The civic culture：political attitudes and democracy in five nations*. Princeton, NJ：Princeton University Press.

② Wuthnow, R. (1991). *Act of compassion*. Princeton, NJ：Princeton University Press.

③ Putnam, R. D., Leonardi, R., & Nanetti, R. Y. (1993). *Making democracy work：Civic traditions in modern Italy*. Princeton, NJ：Princeton University Press.

④ Van Deth, J. W., Maraffi, M., Newton, K., & Whiteley, P. (Eds.). (2007). *Social capital and European democracy*. London：Routledge.

⑤ Hoskins, B. L., & Mascherini, M. (2009). Measuring active citizenship through the development of a composite indicator. *Social Indicators Research*, 90, 459–488.

⑥ Eisinger, P. K. (1973). The conditions of protest behaviour in American cities. *The American Political Science Review*, 67(1), 11–28.

⑦ Tarrow, C. (1994). *Power in movement, social movements, collective action and politics*. Cambridge：Cambridge University Press.

⑧ Kriesi, H. (1995). The political opportunity structure of new social movements：Its impact on their mobilization. In J. G. Jenkins & B. Klandermans (Eds.), *The politics of social protest. Comparative perspectives on states and social movements*. London：UCL Press.

⑨ Meyer, D. S. (2004). Protest and political opportunities. *Annual Review of Sociology*, 30, 125–145.

⑩ Warren, M. E. (2001). *Democracy and association*. Princeton：Princeton University Press.

⑪ Warren, M. E. (2003). The political role of nonprofits in a democracy. *Society*, 40(4), 46–51.

⑫ Freise, M., & Hallmann, T. (Eds.). (2014). *Modernizing democracy? Associations and associating in the 21st century*. New York：Springer.

民主与政治利益之间具有相关性(Putnam①,1993;Verba②,1995;Putnam③,2000;Warren④,2001),也有研究质疑这种联系(Van der Meer & Van Ingen⑤,2009;Dekker⑥,2014)。会员民主参与有利于社会整合和社会信任,并在某种程度上代表着政府形象(Putnam⑦,1993;Putnam⑧,2000;Warren⑨,2001;Rossteutscher⑩,2005;Maloney & Rossteutscher⑪,2007a,b)。

---

① Putnam, R. D. , Leonardi, R. , & Nanetti, R. Y. (1993). *Making democracy work: Civic traditions in modern Italy.* Princeton, NJ: Princeton University Press.

② Verba, S. , Schlozman, K. L. , & Brady, H. E. (1995). *Voice and equality: Civic voluntarism in American politics.* Cambridge: Harvard University Press.

③ Putman, R. D. (2000). *Bowling alone: The collapse and revival of american community.* New York: Simon and Schuster.

④ Warren, M. E. (2001). *Democracy and association.* Princeton: Princeton University Press.

⑤ Van der Meer, T. , & Van Ingen, E. (2009). Schools of democracy? Disentangling the relationship between civic participation and political action in 17 European countries. *European Journal of Political Research*, 48(2), 281–308.

⑥ Dekker, P. (2014). Tocqueville did not write about soccer clubs: Participation in voluntary associations and political involvement. In M. Freise & T. Hallmann (Eds.), *Modernizing democracy? Associations and associating in the 21st century* (pp. 45–58). New York: Springer.

⑦ Putnam, R. D. , Leonardi, R. , & Nanetti, R. Y. (1993). *Making democracy work: Civic traditions in modern Italy.* Princeton, NJ: Princeton University Press.

⑧ Putman, R. D. (2000). *Bowling alone: The collapse and revival of american community.* New York: Simon and Schuster.

⑨ Warren, M. E. (2001). *Democracy and association.* Princeton: Princeton University Press.

⑩ Rossteutscher, S. (Ed.). (2005). *Democracy and the role of associations.* Routledge.

⑪ Maloney, W. A. , & Rossteutscher, S. (2007a). *Social capital and associations in European democracies.* A comparative analysis. Abingdon: Routledge. Maloney, W. A. , & Rossteutscher, S. (2007b). Assessing the significance of associational concerns. Leisure, politics and markets. In W. A. Maloney & S. Rossteutscher (Eds.), *Social capital and associations in European democracies.* A comparative analysis. Abingdon: Routledge.

(三) 中观层面的组织

组织层面,会员民主参与协会公共事务,取决于协会规模、协会类型、协会组织条件和协会治理模式等。会员数量增加,协会民主参与程度显著下降;协会规模越大,会员民主参与程度越低。在协会治理层面,协会将决策权下放给委员会可能更加民主。协会做重要决定时让成员参与,则协会拥有更活跃的成员。

协会规模是影响会员民主参与程度和方式的最重要因素(Nagel[①],2015)。协会规模对参加协会民主的会员人数有重要影响,一方面,协会都希望有更多的会员,另一方面,小型俱乐部的成员更加倾向于遵守协会的价值观和准则,并且他们在俱乐部的民主中更加活跃。协会规模与会员民主参与程度成反比,小团体更容易实现民主(Gerring & Zarecki[②],2011),小社区内成员偏好更为一致,小社区的公民想要的东西与他们得到的东西之间的适应性更好(Larsen[③],2002;Lassen & Serritzlew[④],2011;Denters[⑤],2014)。事实上,协会规模对于会员参与协会公共事务至关重

[①] Nagel, S., Schlesinger, T., Wicker, P., Lucassen, J., Hoeckman, R., & van der Werff, H., et al. (2015). Theoretical framework. In C. Breuer, R. Hoeckman, S. Nagel, & H. van der Werff (Eds.), Sport Clubs in Europe. *A cross−national comparative perspective* (pp. 7−27). Cham: Springer.

[②] Gerring, J., & Zarecki, D. (2011). *Size and democracy, revisited*. Boston: Paper, Boston University.

[③] Larsen, C. A. (2002). Municipal size and democracy: A critical analysis of the argument of proximity based on the case of Denmark. *Scandinavian Political Studies*, 25(4), 317−332.

[④] Lassen, D. D., & Serritzlew, S. (2011). Jurisdiction size and local democracy: Evidence on internal political efficacy from large−scale municipal reform. *American Political Science Review*, 105(2), 238−258.

[⑤] Denters, B., Goldsmith, M., Ladner, A., Mouritzen, P. E., & Rose, L. (2014). *Size and local democracy*. Cheltenham: Edward Elgar Publishing.

要（Enjolras & Seippel[1]，2001；Seippel[2]，2008；Thiel & Mayer[3]，2009；Yazdani[4]，2010；Schlesinger & Nagel[5]，2013；Van der Roest[6]，2016）。

协会类型一般分为单一项目协会和多元项目协会，美国足球协会（USSF）是典型的单一项目协会。从事多种体育运动的协会，其成员更愿意参与协会民主活动，因为，协会目标和兴趣与成员对协会参与之间具有更高的一致性（Horch[7]，1982；Ibsen[8]，1992），而会员在单一项目协会中的社交融合程度通常更高（Nagel[9]，2006；Schlesinger & Nagel[10]，2015），社会

[1]　Enjolras, B. & Seippel, Ø. (2001). Norske idrettslag 2000. *Struktur, økonomi og frivillige innsats* [*Norwegian sports clubs* 2000. *Structure, economy and voluntary action*]. Oslo: Institute for Social Research, report 4.

[2]　Seippel, Ø. (2008). *Norske idrettslag*: 1999 – 2007 [*Norwegian sports clubs*: 1999 –2007]. Oslo: Akilles.

[3]　Thiel, A., & Mayer, J. (2009). Characteristics of voluntary sports clubs management: A sociological perspective. *European Sport Management Quarterly*, 9(1), 81–98.

[4]　Yazdani, N. (2010). Organizational democracy and organization structure link: Role of strategic leadership and environmental uncertainty. *Journal of the Institute of Business Administration, Karachi*, 5(2), 51–73.

[5]　Schlesinger, T., & Nagel, S. (2013). Who will volunteer? Analysing individual and structural factors of volunteering in Swiss sports clubs. *European Journal of Sports Science*, 13(6), 707–715.

[6]　Van der Roest, J.-W., Van Kalmthout, J., & Meijs, L. (2016). A consumerist turn in Dutch voluntary sport associations? *European Journal for Sport and Society*, 13(1), 1–18.

[7]　Horch, H. D. (1982). *Strukturbesonderheiten freiwilliger Vereinigungen. Analyse und Untersuchung einer alternativen Form menschlichen Zusammenarbeitens* [*Structural features of voluntary associations. Analysis and study of an alternative form of human cooperation*]. Campus Verlag: New York.

[8]　Ibsen, B. (1992). *Frivilligt arbejde i idrætsforeninger* [*Voluntary work in sports clubs*]. Copenhagen: DHL/Systime.

[9]　Nagel, S. (2006). *Sportvereine im Wandel: Akteurtheoretische Analysen zur Entwicklung von Sportvereinen* [*Sports clubs in transition: Actor-theoretical analysis on the development of sports clubs*]. Schorndorf: Hofmann.

[10]　Schlesinger, T., & Nagel, S. (2015). Does context matter? Analysing structural and individual factors of member commitment in sport clubs. *European Journal for Sport and Society*, 12(1), 53–77.

融合度与会员民主参与度密切相关（Østerlund[1]，2014；Østerlund & Seippel[2]，2013）。

协会治理模式的关键问题是平衡效率与民主之间的矛盾。协会治理的效率与民主之间存在矛盾（Gundelach & Torpe[3]，1997），会员民主参与的过程耗时费力，需要调动大量资源，与此相比，专业治理更加高效。美国的公民组织已从大众会员模式转变为专业管理模式（Skocpol[4]，2003），欧洲体育组织也是专业管理模式（Theodoraki & Henry[5]，1994；Kikulis & Slack[6]，1995；Fahlen[7]，2008；Hansen[8]，2018）。然而，专业管理需求的增

---

① Østerlund, K. (2014). *Foreningsidrættens sociale kvaliteter. En social kapital inspireret undersøgelse af danske idrætsforeninger og deres medlemmer* [*Social qualities of sports clubs. A social capital inspired study of Danish sports clubs and their members*]. Ph. D. dissertation, University of Southern Denmark.

② Østerlund, K., & Seippel, Ø. (2013). Does membership in civil society organizations foster social integration? The case of Danish voluntary sport organizations. *Journal of Civil Society*, 9, 1–23.

③ Gundelach, P., & Torpe, L. (1997). Social reflexivity, democracy, and new types of citizen involvement in Denmark. In J. W. van Deth (Ed.), *Private groups and public life. Social participation, Voluntary associations, and political involvement in representative democracies*. London: Routledge.

④ Skocpol, T. (2003). *Diminished democracy: From membership to management in American civic life*. Norman: University of Oklahoma Press.

⑤ Tarrow, C. (1994). *Power in movement, social movements, collective action and politics*. Cambridge: Cambridge University Press.

⑥ Kriesi, H. (1995). The political opportunity structure of new social movements: Its impact on their mobilization. In J. G. Jenkins & B. Klandermans (Eds.), *The politics of social protest. Comparative perspectives on states and social movements*. London: UCL Press.

⑦ Fahlén, J., Stenling, C., & Vestin, L. (2008). Money talks: A qualitative analysis of the organizational change connected with the corporation formation of a voluntary sports club. *Sport und Gesellschaft: Sport and Society*, 5(2), 153–177.

⑧ Hansen, J. (2018). *Folkelig Sundhed og foreningsservice? Et debatskrift om DGI gennem 25 år* [*Public health and association services?*]. DGI. Dgi. dk.

长给许多体育俱乐部带来了挑战(Van der Roest[①],2016;Fahlén[②],2017),这种挑战集中于效率与公平之间的矛盾。当然,会员民主参与协会事务是非营利性组织的核心价值,协会民主是权力重新配置的过程,协会民主被视为一种更加公平的权力分配(Feldberg & Glenn[③],1983)。此外,组织文化和组织结构对协会民主有影响(Safari[④],2018),组织文化包括团队文化和参与文化,组织结构关键是权力下放和扁平的等级制度。

(四)微观层面的个体

协会会员是否选择民主参与协会事务,取决于会员的年龄、性别、教育和种族等社会背景,以及会员资格、参与方式、会员以何种身份参与俱乐部、会员与俱乐部的情感。

在会员民主参与协会事务过程中,男人比女人更多地参与协会民主活动,随着年龄的增长参与正式民主和非正式民主的人数都将增加,文化程度较高的人参与协会民主活动的程度更高。女性会员参与协会民主活动要比男性少(Kirbis[⑤],2013;Coffé & Bolzendahl[⑥],2010),老年会员参与

---

① Van der Roest, J. (2016). Consumerism in sport organizations: Conceptualizing and constructing a research scale. *European Journal for Sport and Society*, 13(4), 362-384.

② Fahlén, J. (2017). The trust-mistrust dynamic in the public governance of sport: Exploring the legitimacy of performance measurement systems through end-users' perceptions. *International Journal of Sport Policy and Politics*, 9(4), 707-722.

③ Feldberg, R. L., & Glenn, E. N. (1983). Incipient workplace democracy among United States clerical workers. *Economic and Industrial Democracy*, 4(1), 47-67.

④ Safari, A., Salehzadeh, R., & Ghaziasgar, E. (2018). Exploring the antecedents and consequences of organizational democracy. *The TQM Journal*, 30(1), 74-96.

⑤ Kirbis, A. (2013). Determinants of political participation in Western Europe, East-Central Europe and the post-Yogoslav countries. In S. Flere, M. Lavric, R. Klanjsek, M. Krajne, B. Musel, & A. Kirbis (Eds.), *Problems and prospects of countries of former Yogoslavia*. Maribor: Center for the Study of Post-Yugoslav Societies.

⑥ Coffé, H. C., & Bolzendahl, C. (2010). Same game, different rules? Gender differences in political participation. Sex Roles. *A Journal of Research*, 62(5-6), 318-333.

协会民主活动比青年会员更为活跃(Kirbis[1],2013;Goerres[2],2007),文化程度较高的人更有投票的可能(Blais[3],2004;Kirbis[4],2013),移民的民主参与积极性不高(Martiniello[5],2005)。

在会员民主参与协会事务过程中,人们成为协会会员的时间越长,参加活动越多,他们参加正式和非正式的协会民主活动的可能性越大(Østerlund & Seippel[6],2013;Ibsen & Levinsen[7],2016)。但是,有研究指出,会员资格的持续时间和会员在俱乐部参加体育活动的频率,对于会员参加协会民主活动并不重要(Elmose-Osterlund,Feiler & Breuer[8],2019)。

---

① Kirbis, A. (2013). Determinants of political participation in Western Europe, East-Central Europe and the post-Yogoslav countries. In S. Flere, M. Lavric, R. Klanjsek, M. Krajne, B. Musel, & A. Kirbis (Eds.), *Problems and prospects of countries of former Yogoslavia.* Maribor: Center for the Study of Post-Yugoslav Societies.

② Goerres, A. (2007). Why are older people more likely to vote? The impact of ageing on electoral turnout in Europe. *The British Journal of Politics and International Relations*, 9 (1), 90-121.

③ Blais, A., Gidengel, E., & Nevitte, N. (2004). Where does turnout decline come from? *European Journal of Political Research*, 43(2), 221-236.

④ Kirbis, A. (2013). Determinants of political participation in Western Europe, East-Central Europe and the post-Yogoslav countries. In S. Flere, M. Lavric, R. Klanjsek, M. Krajne, B. Musel, & A. Kirbis (Eds.), *Problems and prospects of countries of former Yogoslavia.* Maribor: Center for the Study of Post-Yugoslav Societies.

⑤ Maas, C. J., & Hox, J. J. (2005). Sufficient sample sizes for multilevel modeling. *Methodology*, 1(3), 86-92.

⑥ Østerlund, K., & Seippel, Ø. (2013). Does membership in civil society organizations foster social integration? The case of Danish voluntary sport organizations. *Journal of Civil Society*, 9, 1-23.

⑦ Ibsen, B., & Levinsen, K. (2016). Unge, foreninger og demokrati [Youth, associations and democracy]. Movements. Department of Sports Science and Clinical Biomechanics, University of Southern Denmark (p. 03). Ibsen, B., & Seippel, Ø. (2010). Voluntary organized sport in Denmark and Norway. *Sport in Society*, 13(4), 593-608.

⑧ Karsten Elmose-Osterlund, Svenja Feiler, & Christoph Breuer, et al. (2019). Democratic Participation in Voluntary Associations: A Multilevel Analysis of Sports Clubs in Europe. *International Journal of Voluntary and Nonprofit Organizations*, 30(5):1148-1163.

此外,会员与协会之间存在一种归属感(Dean[①],1995),这种归属感成为会员融入协会民主生活的保障(Gundelach & Torpe[②];1997),协会与会员之间的良性互动能够促进成员积极参与协会民主活动,大多数成员加入体育俱乐部从事体育运动和参加社交活动,也参与各种形式的志愿工作(Nagel[③],2015;Elmose-Østerlund & van der Roest[④],2017),参加社会活动和志愿工作的会员对协会事务兴趣更大,更多地参与协会民主活动。

显然,微观层面的个体对于协会会员的民主参与更具实践意义。然而,人们的社会经济背景制约着会员参与协会民主活动,性别、年龄、教育水平等从不同层面影响着会员参与协会民主活动的程度,男性比女性参与协会民主的比例更高,而且参与程度随年龄和教育水平的提高而增加。此外,会员参加俱乐部的方式对于他们参加协会民主活动具有重要影响。从事志愿工作的会员、热衷社会活动的会员以及重视会员资格的会员,比其他会员更愿意参与协会的民主活动。需要着重强调的是,协会民主程度取决于会员与协会之间的关系,尤其是会员与协会之间的情感基础和关系密切程度,并且,参加志愿工作和参与协会事务有利于增进会员与协会之间的联系,会员在社会生活和志愿工作中表现更加积极。

① Dean, J. (1995). Reflexive solidarity. *Constellation*, 2(1), 114-140.

② Gundelach, P. , & Torpe, L. (1997). *Social reflexivity, democracy, and new types of citizen involvement in Denmark*. In J. W. van Deth (Ed.), Private groups and public life. Social participation, Voluntary associations, and political involvement in representative democracies. London: Routledge.

③ Nagel, S. , Schlesinger, T. , Wicker, P. , Lucassen, J. , Hoeckman, R. , & van der Werff, H. , et al. (2015). Theoretical framework. In C. Breuer, R. Hoeckman, S. Nagel, & H. van der Werff (Eds.), *Sport Clubs in Europe. A cross-national comparative perspective* (pp. 7-27). Cham: Springer.

④ Elmose-Østerlund, K. , & van der Roest, J. W. (2017). Understanding social capital in sports clubs: Participation, duration and social trust. *European Journal for Sport and Society*, 14(4), 366-386.

六、有偿服务与志愿服务

从治理的视角,美国足球协会(USSF)面临着有偿服务与志愿服务的悖论。非营利性组织倡导志愿服务,然而,协会专业化治理和会员有偿服务已经成为协会展开工作的主要形式。

(一)非营利性组织倡导志愿服务

美国足球协会(USSF)是非营利性组织,倡导志愿服务是其一贯传统。然而,这需要分类讨论,比如美国青少年足球协会(USYSA)一贯强调志愿服务,而美国职业足球大联盟(MLS)则是彻头彻尾的商业联赛。

美国足球协会(USSF)自成立以来一直坚持志愿服务,除组织的高层管理部门外,志愿服务是完成组织目标的主要模式,然而,美国足球协会(USSF)和美国青少年足球协会(USYSA)的志愿者一直在减少,美国职业足球大联盟(MLS)更是在专业化治理的道路上高歌猛进。事实上,体育协会的志愿者数量都在减少,GAA 的志愿者也一直在减少(McAnallen[1],2009),GAA 宣称由精英阶层和中产阶级组成(Mandle[2],1987),事实上,GAA 主要由中下阶层成员组成(GAA[3],1986;McMullan[4],1995;Hunt[5],2009),工人阶层了解协会工作的强度和压力,他们表现出对有偿

---

① McAnallen, D. (2009). "The Greatest Amateur Association in the World? The GAA and Amateurism." *In The Gaelic Athletic Association* 1884-2009, edited by M. Cronin, W. Murphy, and P. Rouse, 157-182. Dublin: Irish Academic Press.

② Mandle, W. F. (1987). *The Gaelic Athletic Association and Irish Nationalist Politics*, 1884-1924. Dublin: Gill and Macmillan.

③ GAA. (1986). *An Chomhdháil Bhliantúil. Dublin:* GAA.

④ McMullan, M. (1995). "Opposition, Social Closure, and Sport: The Gaelic Athletic Association in the 19th Century." *Sociology of Sport Journal*, 12 (3): 268-289.

⑤ Hunt, T. (2009). *"The GAA: Social Structure and Associated Clubs. " In The Gaelic Athletic Association* 1884 - 2009, edited by M. Cronin, W. Murphy, and P. Rouse, 183-202. Dublin: Irish Academic Press.

服务的渴望。

协会由志愿服务转变为有偿服务,CAA 是一个很好的例子。最初,GAA 行政职责由志愿者履行(Garnham①,2004),这种组织形式符合那些财务上有保障、时间充裕的人的价值和利益,因此,大多数 GAA 服务人员都在组织外部维持全职工作,只有秘书是全职工作并获得报酬。1893年,GAA 任命了第一位付费秘书(McAnallen②,2009),1914 年,GAA 修改章程,确定地方理事会有权支付秘书薪酬(GAA③,1914)。这引发了协会创建者和管理者的不满,尤其是 GAA 的积极分子和管理者,他们对协会服务人员薪酬制度化越来越不满(McAnallen④,2009)。1940—1950 年,GAA 大多数行政和组织职能都是志愿服务,然而,协会规模不断扩大,各种管理人员的工作联系不断增加(DeBúrca⑤,2008),组织间的相互依存关系进一步扩大,秘书的工作量激增,不得不设立发展、沟通、会计和管理等专业薪资职位。最终,协会管理专业化和制度化,任命专职秘书已成为协会章程的一部分。

(二)有偿服务与协会专业化治理

在美国职业足球大联盟(MLS)的示范效益下,美国足球协会(USSF)的有偿服务似乎成为一种趋势,美国的公民组织已从大众会员模式转变

① Garnham, N. (2004). *Association Football and Society in Pre-partition Ireland.* Belfast: *Ulster Historical Foundation*, 135–136.

② McAnallen, D. (2009). *"The Greatest Amateur Association in the World? The GAA and Amateurism."* In *The Gaelic Athletic Association* 1884–2009, edited by M. Cronin, W. Murphy, and P. Rouse, 157–182. Dublin: Irish Academic Press.

③ GAA. (1914). *Gaelic Athletic Association. Official Guide* 1914–1915. Dublin: GAA.

④ McAnallen, D. (2009). *"The Greatest Amateur Association in the World? The GAA and Amateurism."* In *The Gaelic Athletic Association* 1884–2009, edited by M. Cronin, W. Murphy, and P. Rouse, 157–182. Dublin: Irish Academic Press.

⑤ Dépelteau, F. (2008). "Relational Thinking: A Critique of Co-deterministic Theories of Structure and Agency." *Sociological Theory*, 26 (1): 51–73.

为专业管理模式和员工提供有偿服务模式（Skocpol[1]，2003），体育协会的诸多部门聘用越来越多的专业人员。

志愿服务转变为有偿服务与社会结构息息相关，源于19世纪后期社会中产阶级兴起。体育协会最初的组织成员主要是教师、记者、律师和警察，他们逐步将自己视为精英阶层，然而，他们却得不到原精英阶层的认可，原精英阶层阻止新的中产阶级获取话语权和控制权，他们无法取代原精英阶层，由此产生了挫败感和怨恨（Mandle[2]，1987；McGee[3]，2005；Connolly & Dolan[4]，2012）。这种关系迫使协会成员希望将中产阶级与精英阶层区分开来，体育协会走向联合工人阶级并区分精英阶层的道路。事实上，中产阶级与工人阶层有着紧密联系，中产阶级对低层阶级群体的认同感很强（Garvin[5]，1986），他们支持协会服务人员提供有偿服务。

有偿服务提供专业化治理，协会服务人员收取报酬，为协会提供专业化管理，为会员提供专业化服务。协会专业化治理和会员有偿服务的转变，改变了组织成员的习惯、组织内部和组织之间的关系以及协会组织与社会结构互动演化。协会管理人员对志愿服务的态度涉及组织内部和组织之间关系，并具备协会组织与社会结构融合意义。社会群体之间的权力斗争引发社会结构性紧张，由此引起的紧张和焦虑印刻在协会管理人员的习惯中，进而改变了他们对协会组织的态度和感觉，在社会整合和社会关系不断强化的背景下，管理人员可能固化这种习惯，从而导致了协会官僚化。

---

① Skocpol, T. (2003). *Diminished democracy: From membership to management in American civic life*. Norman: University of Oklahoma Press.

② Mandle, W. F. (1987). *The Gaelic Athletic Association and Irish Nationalist Politics, 1884 - 1924*. Dublin: Gill and Macmillan.

③ McGee, O. (2005). *The IRB. The Irish Republican Brotherhood from the Land League to Sinn Fein*. Dublin: Four Courts Press.

④ Connolly, J. , & P. Dolan. (2012). "Sport, Media and the Gaelic Athletic Association: The Quest for the ʹYouthʹ of Ireland." *Media Culture & Society*, 34 (4): 407-423.

⑤ Garvin, T. (1986). "Priests and Patriots: Irish Separatism and Fear of the Modern, 1890 - 1914." *Irish Historical Studies*, 25 (97): 67-81.

协会专业化治理和会员有偿服务导致协会的官僚化。协会官僚化发生在组织、群体、个体三个层次上,组织演变为官僚机构、群体演变成官僚实体、员工的认知和行为适应着这种改变(Langton[1],1984),会员们通过适应性变化获得了新的工作纪律,并摒弃了传统的习惯和态度。Slack[2](1985)使用制度理论,考察了加拿大体育组织中官僚主义的发展,认为组织内部和组织之间相互依存关系可以解释官僚化过程,一个强大的组织会迫使实力较弱的组织采用其目标,以及被认为最适合实现这些目标的结构类型,即强制同构(Slack & Hinings[3],1994),迫使这些体育组织采用自己的治理体系。如果官僚化成为体育协会的一种普遍风气,体育组织迫于外部竞争压力会主动融入官僚体系中,而贵族和中下层都会主动学习这种新型的组织和纪律(Dunning & Sheard[4],1979),由此,形成一种社会风气和组织文化,给协会发展带来危机。

(三)协会专业化治理和会员有偿服务已经成为一种趋势

年轻人寻求不同的体育和休闲活动,这对协会发展构成了真正的威胁。协会面临着前所未有的困局,管理层强烈地感到了这种焦虑,他们被迫制定发展规划和推动协会改革。高级管理人员在规划方面感受到的压力越来越大,他们难以应对协会面临的调整,也不再坚称了解会员的感受和动机,在这种背景下,协会开始聘用哪些具备组织行为、管理模式、市场营销等专业知识的人,协会走向专业化治理。

---

① Langton, J. (1984). "The Ecological Theory of Bureaucracy: The Case of Josiah Wedgewood and the British Pottery Industry." *Administrative Science Quarterly*, 29 (3): 330-354.

② Slack, T. (1985). "The Bureaucratization of a Voluntary Sport Organisation." *International Review for the Sociology of Sport*, 20 (3): 145-166.

③ Slack, T., & B. Hinings. (1994). "Institutional Pressures and Isomorphic Change: An Empirical Test." *Organization Studies*, 15 (6): 803-827.

④ Dunning, E., & K. Sheard. (1979). *Barbarians, Gentlemen & Players: A Sociological Study of the Development of Rugby Football*. Canberra: Australian National University Press.

协会决策层一边坚持协会的志愿服务和业余精神,一边强化协会的专业化治理和会员的有偿服务,决策层在协会管理体系改革上争执不休,这反映出协会对获取或扩展专业知识的犹豫。美国青少年足球协会在网站上仍然建议最好由志愿人员担任协会管理职务,然而,美国职业足球大联盟(MLS)已经完全走向了商业化和专业化道路,GAA 最终也承认专业化必不可少。他们都不否认,协会必须拥有专职的全职的员工,这些专业人员具备从事协会工作的一流能力和特定资格,会员和公众也要求志愿人员具备专业知识、提供专业化服务,因此,体育协会必须进行专业化改革,协会专业化治理和会员有偿服务已经不可避免。

美国足球协会(USSF)推进有偿服务和专业化治理,最为典型的例子就是美国足球协会(USSF)的商业推广计划。2000 年 8 月,联合会理事会审查并一致批准了美国足球协会(USSF)商业计划,该计划强调精简机构并建立高效的组织,该组织应在财务上保持稳定,为会员提供出色的服务,通过强调高效管理和高质量服务来推动联合会的发展。2000 年 10 月,联合会理事会审核并一致批准了《业务计划》,该计划详细概述了完整的财务框架和执行策略,清楚地说明了联合会的多个业务部门的功能和职责。美国足球协会(USSF)商业计划于 2002 年 5 月获得联合会董事会的批准,制定了协会五年规划,强调在运动员发展方面进行投资,以确保足球运动的发展。在 2003 年 11 月 22 日的董事会会议上,联合会理事会批准了联合会商业计划,强调联合会在引入球员、增加设施、专业化治理等方面的承诺,还详细阐述了联合会的发展历程、主要举措、未来投资和会员利益。

事实上,美国足球协会(USSF)的商业开发计划、会员有偿服务和协会专业化治理,以及组织改革、会员思想和行为的变化,反映出社会结构的变化,没有一个组织能够独立于社会而存在(Dunning & Sheard[①],

---

① Dunning, E. , & K. Sheard. (1979). *Barbarians, Gentlemen & Players: A Sociological Study of the Development of Rugby Football*. Canberra: Australian National University Press.

1979)。不同职业和不同阶层的人存在于相互依赖的网络中,在工业化、城市化、专业化的洪流中接受差异化的社会环境。当社会结构日趋紧张,社会要求人们对自己的情绪和行为施加更大的自我约束,社会获得一种稳定的结构,个体获得争取工作、财富和社会地位的技能和能力。因此,我们可以看到,当今的足球协会会员有偿服务已经成为一种趋势,这种变革源于组织内部和组织之间相互依存关系的变化以及社会结构的变化,足球协会管理人员必须具备专业知识和提供专业化服务。美国足球协会(USSF)需要做的是在社会结构与组织结构之间达成一致,在社会约束与自我约束之间取得了平衡,从而促进协会的发展。

七、协会会员的歧视问题

美国足球协会(USSF)中包括全国女子足球协会(NWSL)、美国截肢者足球协会(AASA)和美国青少年足球协会(USYSA),事实上,当今绝大多数国家的足球协会都包括女子足球协会和青少年足球协会,并且,世界各国的足协章程中明文规定不容许歧视,以示社会公平。《美国足球协会章程》(2019)第二部分会员第201细则(资格):"联合会的成员资格向所有足球组织和运动员、教练、裁判、经理、行政人员、官员开放,不受种族、肤色、宗教、国籍、残疾、年龄、性别、性取向的歧视。"然而,反歧视条款怎么落实成了一个新的问题。

(一)性别歧视

性别歧视一直是西方学术界关注的话题,有研究体育组织中女性管理问题(Stronach & Adair[①],2009),有运用排他性权力探讨体育组织的性

---

① Stronach, M., & Adair, D. (2009). 'Brave new world' or 'sticky wicket'? Women, management and organizational power in Cricket Australia. *Sport in Society*, 12(7): 910-932.

别平等(Sibson[①],2010),还有研究性别不平等如何影响英格兰女子板球的管理和组织(Velija,Ratna & Flintoff[②],2014)。事实上,女性、儿童和残疾人的体育运动经常被边缘化(Hargreaves[③],2000),那么,女性如何应对和抵制各种形式的排斥。

在体育界性别平等的研究成果中,关于体育协会合并造成的性别歧视尤其显著,比如英格兰女子板球协会(WCA)与男子组织英格兰和威尔士板球委员会(ECB)合并,又如国际女子板球委员会(IWCC)与国际男子板球委员会(ICC)合并。合并旨在整合协会权力、资源和设施,将理事机构合并为一个代表男女运动的国家机构(White[④],2003),通过这种融合,女性组织获得必要的设施、财务和辅导,但是,女性失去了协会的自主权(Morrison[⑤],1993;White[⑥],2003)。

事实上,男子与女子各类的体育协会合并越来越普遍(White[⑦],2003)。美国将大专院校女运动员协会(AIAW)纳入全国大学体育协会(NCAA),这种做法在很大程度上对女性不利,尤其是在教练、行政管理和董事会成员方面,全国大学体育协会(NCAA)没必要致力于性别平等,

---

① Sibson, R. (2010). "I Was Banging My Head against a Brick Wall": Exclusionary power and the gendering of sport organisations. *Journal of Sport Management*, 24: 379–399.

② Philippa Velija, Aarti Ratna, & Anne Flintoff. (2014). Exclusionary power in sports organisations: The merger between the Women's Cricket Association and the England and Wales Cricket Board. *International Review for the Sociology of Sport*, 49(2): 211–226.

③ Hargreaves, J. (2000). *Heroines of Sport: The Politics of Difference and Identity*. London and New York: Routledge.

④ White, A. (2003). Women and sport in the UK. In: Hartmann-Tews, I, Pfister, G (eds) Sport and Women: *Social Issues in International Perspective*. London: Routledge.

⑤ Morrison, L. (1993). The AIAW: Governance by women for women. In: Cohen, GL (ed.) *Women in Sport: Issues and Controversies*. London: SAGE, pp. 59–69.

⑥ White, A. (2003). Women and sport in the UK. In: Hartmann-Tews, I, Pfister, G (eds) Sport and Women: *Social Issues in International Perspective*. London: Routledge.

⑦ White, A. (2003). Women and sport in the UK. In: Hartmann-Tews, I, Pfister, G (eds) Sport and Women: *Social Issues in International Perspective*. London: Routledge.

实际上许多体育组织的做法和政策只关心维护男性权威(Lovett & Low-ry[1],1995)。在加拿大大学的各系中,性别平等会影响体育协会的绩效和创收的观点一直存在(Hoeber[2],2007)。澳大利亚女子与男子板球协会合并之前,女子比赛具有财务上的优势,合并后,澳大利亚女子体育组织成为"弱者"的合作伙伴,合并是男性的接管女性运动权力的过程,他们认为女子比赛不会像男子比赛那样精彩,女性比赛的观赏性和营利性都不如男性比赛(Stronach & Adair[3],2009)。

以英格兰女子板球协会(WCA)与英格兰和威尔士板球委员会(ECB)合并为例,合并始于英格兰女子板球协会(WCA)的财务危机。从1950年开始,英格兰女子板球协会(WCA)一直面临资金匮乏,财务问题迫使英格兰女子板球协会(WCA)成员考虑是否能够继续存在(Mowat[4],1989),成员不得不同意增加会费以维持协会运行。然而,持续的财务压力迫使英格兰女子板球协会(WCA)寻求合并的可能性,英格兰女子板球协会(WCA)主席和首席执行官都支持合并,并提醒成员这样做的好处,终于在1998年英格兰女子板球协会(WCA)与英格兰和威尔士板球委员会(ECB)合并。显然,合并解决了英格兰女子板球协会(WCA)的财务问题,她们付出的代价是失去了女子比赛的控制权,并且,引发了其他协会合并常见的身份恐惧(Shaw & Slack[5],2002),人们开始忧虑女子比赛的

---

① Lovett, D. J., & Lowry, C. D. (1995). Women and the NCAA: Not separate—not equal. *Journal of Sport Management*, 9: 244–248.

② Hoeber, L. (2007). 'It's somewhere on the list but maybe it's one of the bottom ones': Examining gender equity as an organisational value in a sport organisation. *International Journal of Sport Management and Marketing*, 2(4): 362–378.

③ Stronach, M., & Adair, D. (2009). 'Brave new world' or 'sticky wicket'? Women, management and organizational power in Cricket Australia. *Sport in Society*, 12(7): 910–932.

④ Mowat, C. (1989). Chairman's report to the A. G. M. Finance is the key question. *WCA News*, 3(1): 3.

⑤ Shaw, S., & Slack, T. (2002). 'It's been like that for donkey's years': The construction of gender relations and the cultures of sports organizations. *Culture, Sport, Society*, 5(1): 86 – 106.

未来。英格兰女子板球协会（WCA）意识到合并后妇女的地位可能会发生变化，她们坚持女子板球队的负责人应该是女子，至少确保一名妇女担任高级管理职务。然而，从 1998—2010 年，董事会中没有女性。

男子与女子体育协会的合并是侵犯女性运动权利的典型工具。体育协会合并，女性将失去协会的管理和教练的任职资格，尽管女教练没有薪水，但她们具备与男教练相同的任职资格，她们的专业知识不容置疑。然而，协会的教练已从业余爱好或志愿活动转变为一种职业，抓住这些机会的主要是男性。合并前，女性体育协会有自己的裁判员和计分员，有自己的教练委员会和裁判委员会，合并后，男性接管了这一切。虽然女性体育协会缺乏时间、金钱和技术设备等资源，但是她们仍然能够利用运动知识、营养和医疗来促进她们的训练。合并后那些具备资历、知识和专长的女性不再继续担任职务，她们失去了发展的机会。更进一步的问题是，性别平等不仅仅是经济平等，还在于组织内部权力平等。

协会中的性别歧视表现为女性担任象征性职位。协会合并确实为女子比赛提供了财政支持，但女性失去了协会的教练、裁判、管理和比赛组织等关键职位，她们只能够担任一些象征性的职位。在许多体育组织中性别歧视很明显，女性只能担任行政人员、秘书和私人助理，即使权威女性也是处于决策层下游和体育组织的外围，担任负责儿童安全、体育发展和公平方面的职务，社会的权力等级制度使女性从属于男性。这种性别歧视被假定为"自然"差异，即女性更善于协调工作，而男性更适合担任决策职位（McKay[1]，1997；Talbot[2]，1988）。

性别歧视还将导致协会在发展精英水平和基层水平之间的矛盾。世界各国的体育协会都非常重视顶级的职业联赛发展，职业联赛会让协会

---

[1] McKay, J. (1997). *Managing Gender: Affirmative Action and Organizational Power in Australian, Canadian and New Zealand Sport*. Albany, NY: State of New York University Press.

[2] Talbot, M. (1988). *Their Own Worst Enemy? Women and Leisure Provision in Relative Freedoms*. Milton Keynes: Open University Press.

从中受益,协会负责人获得资金并有权使用资金,从而行使职位上的权力。然而,女性协会能够获得多少利益? 协会在多大程度上会把资金用于女性比赛? 女性在协会财务支出方式上是否拥有决定权,这是性别不平等造成的一个隐藏问题。更加严重的是,女子比赛在基层协会的地位不断恶化,从俱乐部的参与人数以及组织的发展战略都能感受到女性的弱势地位,可以预见的是,如果外力不介入,某些女子球队可能不复存在。当然,基层女性协会发展困境的原因还有很多,包括女性职业特征、女性身体特征和女性家庭角色等。

(二) 种族歧视与阶层歧视

种族歧视是一个敏感的话题,阶层差异在任何组织中都有可能存在,体育领域有两者叠加的趋势,职业体育领域尤其明显。非裔美国运动员从"贫民窟"走出来赢得名望和财富,误导了学者和公众,忽视了种族歧视和阶层差异。事实上,种族、阶级和家庭结构将进入职业体育生涯的机会结构化并固化。

美国人青睐从贫困阶层上升到财富排行榜,发奋图强的故事在美国很受欢迎。然而,这只是美国梦的一部分,事实上,美国体育协会的大多数参与者来自中产阶级和中上阶层,有色人种疲于生活,很少有机会参加各种体育协会,更与高档体育俱乐部无缘。对于边缘群体,体育运动是向上流动的途径,因为它提供了大学奖学金和无形的精神资产并可以转化为成功。然而,在美国,少数族裔经常被固化在较低的社会阶层,向上流动的机会微乎其微。

社会阶层大体沿用韦伯的定义,即社会群体按照经济资源和社会地位上的区别,可分为下层阶级、中产阶级和上层阶级。美国估计有45%的非裔美国男性儿童生活在较低的社会阶层环境中,23%的白人男性儿童生活在较低的社会阶层环境中,62%的非裔美国男孩来自单亲家庭,

66%的非洲裔美国人和93%的白人具有较好的社会背景(Dubrow[①],2012)。

有研究调查了美国155个NBA(美国男子职业篮球联赛)运动员信息,认为非裔美国人在NBA(美国男子职业篮球联赛)的优势,淡化了种族、阶层与体育参与之间的关系。事实上,获得职业体育生涯所需的资源水平相对较高,低社会阶层和单亲家庭结构的非洲裔美国人成为职业运动员的比例很小,他们进入NBA(美国男子职业篮球联赛)的概率更低。NBA(美国男子职业篮球联赛)球员总体上来自中产阶级,34%的非裔美国NBA(美国男子职业篮球联赛)球员来自较低社会阶层,7%的白人NBA(美国男子职业篮球联赛)球员来自较低社会阶层,有57%的非裔美国人和19%白人球员来自单亲家庭。中产阶级家庭的孩子比中上层家庭的孩子少37%,下层家庭的白人儿童可能性降低了75%,单亲家庭的孩子比双亲家庭的孩子低18%,白人是33%(Dubrow[②],2012)。并且,正式球员的社会阶层明显高于潜在球员。

(三)如何应对歧视问题

在体育协会中,男性霸权、性别歧视、种族歧视、身体歧视和阶层差异普遍存在,甚至人们都在不自觉地复制这些规则。女性起初并没有试图挑战男子权威以及寻求资源和设施的平等,她们只是希望维护自己的权利(Velija[③],2010)。

---

① Joshua Kjerulf Dubrow. (2012). Hoop inequalities: Race, class and family structure background and the odds of playing in the National Basketball Association. *International Review for the Sociology of Sport*, 47(1):43-59.

② Joshua Kjerulf Dubrow. (2012). Hoop inequalities: Race, class and family structure background and the odds of playing in the National Basketball Association. *International Review for the Sociology of Sport*, 47(1):43-59.

③ Velija, P., & Flynn, L. (2010). "Their Bottoms Are the Wrong Shape" female jockeys and the theory of established outsider relations. *Sociology of Sport Journal*, 27(3): 301-315.

　　排他性权力是揭示体育协会中男性霸权存在和维持的理论基础和重要方式。排他性权力是一种隐性的组织内部权力,其通过隐蔽的形式维护着男性霸权,也影响着体育协会的结构和文化。组织内部行使权力有五种方式:位置权力、设定权力、隐藏权力、对话权力和冲突权力(Rao①,1999),机构中拥有特殊职位的人能够控制时间、金钱和组织信息及传递方式;制定议程的权力是一种设定权力,可确保议程设置满足特定人群的需求,同时排除其他人群的需求;隐藏权力是组织运作如何隐藏男性霸权,权力的隐性运作无处不在,并导致某些妇女最终完全退出体育组织(Sibson②,2010);对话的力量在于如何通过男女之间的辩论和讨论实现组织内公平,但是,由于男性担任议程制定权的职务,这种讨论毫无意义(Rao③,1999);冲突的力量在于男女之间对正常工作方式的争执,这可能带来组织结构和文化的变化。

　　当然,处于弱势地位的人总是在尝试各种办法,追求公平公正的体育参与权。女性试图找回她们曾经拥有的权利,处于不利地位的人试图找回他们的机会权利。比如英格兰女子板球协会(WCA)建设了一个女性网络空间,专门介绍女性运动和女子板球的历史和发展,打造"妇女和女孩"的独立板块,帮助她们认识曾经的自己,以此挑战男人对女人的剥夺。然而,该组织也无力扭转女性的弱势地位,协会网站上女性和儿童板块处于边缘化位置的事实,证明了这一切。

　　美国足球协会(USSF)非常关注性别问题,设有专门的女性足球协会。全国女子足球联赛(NWSL)是一个由 9 支球队组成的 I 级女子职业足球联赛④,汇集了来自世界各地的国家队队员。全国女子足球联赛

---

　　① Rao, A. R., Stuart, R., & Kelleher, D. (1999). *Gender at Work: Organizational Change for Equality*. West Hartford, CT: Kumarian Press.

　　② Sibson, R. (2010). "I Was Banging My Head against a Brick Wall": Exclusionary power and the gendering of sport organisations. *Journal of Sport Management*, 24:379-399.

　　③ Rao, A. R., Stuart, R., & Kelleher, D. (1999). *Gender at Work: Organizational Change for Equality*. West Hartford, CT: Kumarian Press.

　　④ https://www.nwslsoccer.com/about-the-nwsl.

(NWSL)的总部设在芝加哥,得到了加拿大足球协会和美国足球联合会的支持。全国女子足球联赛(NWSL)中的所有球员都必须在美国足球协会(USSF)进行注册。全国女子足球联赛(NWSL)中的所有裁判都是美国足球协会(USSF)或CSA(加拿大足球协会)国家裁判。所有全国女子足球联赛(NWSL)比赛的裁判员都将由PRO(专业裁判员组织)进行训练、分配和评估。

对于身体歧视问题,美国足球协会(USSF)设有残疾人足球协会,比如美国残疾人足球协会(AASA),其是美国残疾人足球的理事机构,也是世界残疾人足球协会(WAFF)和美国足球联合会(USSF)的成员。残疾人足球发明于1980年的美国,现已在40多个国家和地区进行,并提出了自己的世界杯。美国残疾人足球协会(AASA)是志愿组织,完全由个人、公司和机构的捐款资助,捐助全部用于资助宣传计划以及支持球员和团队,所有志愿组织均由董事会管理,包括资深人士和商业领袖。美国残疾人足球协会(AASA)的任务是:在美国促进和发展残疾人足球运动,帮助有兴趣的球员最大限度地提高自己的能力,建立自信,学习团队合作的力量,同时建立强大的社交网络,并为美国国家残疾人足球队(USNAST)选拔人才,发展和训练运动员,代表国家参加国际比赛,并提供财政援助以支付旅行和比赛费用[①]。

目前,体育协会都致力于公平问题,制定反歧视条款,通过针对"妇女、儿童和残疾人"的发展计划,扩大体育项目的吸引力和参与度。低收入群体和妇女儿童在体育组织中多大程度上融入了协会治理结构,这是体育协会无法回避的问题。公平是体育协会治理的重要原则(White[②],2003),体育协会应采取各种平衡措施来发展儿童、女性和残障人运动,加强协会为弱势群体提供服务,容评妇女担任体育协会的领导职务。

---

① http://www.ampsoccer.org/about.htm.

② White, A (2003) Women and sport in the UK. In: Hartmann-Tews, I, Pfister, G (eds) Sport and Women: *Social Issues in International Perspective*. London: Routledge.

第七章　中国足球协会会员制度的
问题与改革策略

　　中国足球会员制度的问题不同于美国、法国和德国的会员资格与责任、会费的标准及依据、协会包容性与会员多样化、会员的民主参与、有偿服务与志愿服务、会员的歧视问题等。中国足球会员制度的问题源于中国足球协会本身的问题，中国足球协会本身的问题集中体现在结构的同化、功能的异化、关系的分化。由此，中国足球协会会员制度面临着双重阻碍与双向问题，具体于纵向层级间的结构关系问题和横向利益相关者的责权利关系问题。基于此，本书提出了理顺纵向的结构关系和厘清横向责权利关系的解决之道。

第一节　中国足球协会存在的问题

　　以往，中国足球协会的核心问题是有名无实，即中国足球协会与足球管理中心"两块牌子，一套班子"。脱钩改革后，中国足球协会成为真正的社会团体。它所面临的问题我们还没来得及讨论，脱钩改革似乎就已停止。我们正处在改革途中，改革却被按下暂停键，前面是脱钩成员进退维谷，后面是未脱钩成员无以依傍，大家不知何去何从。因此，我们必须回到问题的起点，反思中国足球协会的核心问题，本节从结构、功能、关系三个维度加以阐述。

一、结构的同化

毋庸置疑,结构是中国足球协会乃至各级各类协会会员的功能定位及相互关系的基础。以往,中国足球协会与足球管理中心在结构方面不同程度地存在着同化现象,这亟待解决。

(一) 中国足球协会与足球管理中心结构的同化

所谓结构的同化,一方面是指中国足球协会与足球管理中心结构趋同,即"两块牌子,一套班子"。这显然不同于美国足球协会(USSF)治理的民主参与问题和会员的有偿服务与志愿服务的问题。因此,我们必须首先梳理中国足球协会与足球管理中心结构的同化,包括结构定位、会员结构和机构设置。

《中国足球协会章程》的规定:"中国足球协会是中华人民共和国境内从事足球运动的单位和个人自愿结成的唯一的全国性的非营利性社会团体法人;是唯一代表中国的国际足球联合会会员和亚洲足球联合会会员。"然而,国家体委 1997 年 11 月颁布《国家体委运动项目管理中心工作规范暂行规定》(于 2007 年废止),足球管理中心是中国足球协会的"常设办事机构",文件授予其"负责所管项目的各项工作"的行政权力,足球管理中心实质上取代了中国足球协会会员代表大会和执行委员会的职能,变成了中国足球协会的决策者和最高权力机构。

《中国足球协会章程》(2003)规定:"中国足球协会的会员结构是省、自治区、直辖市,足球改革重点地区或城市的足球协会,各全国性行业、系统的足球协会及中国人民解放军足球运动组织。"《中国足球协会章程》(2015)规定:"中国足球协会的会员结构是省、自治区、直辖市,地区、城市的足球协会,行业、系统的足球协会,青少年足球组织,女子足球组织,各类足球联赛组织,会员大会同意接纳的其他组织。"会员代表大会是中国足球协会的最高权力机构,审议修改章程,审议批准大会工作报告、提案,选举或罢免协会负责人等(2015 版明确会员大会由 47 个会员构成)。《中国足球协会章程》(2019)规定:"中国足球协会的会员结构是省、自治区、直辖市的足球协会,地区、城市的足球协会,行业、系统的足球协会,青少年足球组织,女子足球组织,各类足球联赛(联盟)组织,会员大会同意接纳的其他组织。"然而,足球管理中心是各级体育局下属的行政机构,按照中国的行政区划和级别深入到各个层面,控制着各级各类足协会员。

　　中国足球协会设有主席、副主席、秘书长、司库;设有执行委员会、主席会议,在会员代表大会闭会期间,依照协会章程和大会决议处理协会重要事务;秘书长主持协会常设办公机构,依照协会章程和大会决议,负责协会日常工作;中国足球协会设立超级联赛委员会、甲级联赛委员会、乙级与业余联赛委员会、青少年足球委员会、女子足球委员会、室内足球委员会、学校足球工作委员会、技术委员会、裁判委员会、纪律委员会、仲裁委员会、新闻委员会、教练委员会、医学委员会、市场委员会、场地设施委员会、安保工作委员会等专项委员会。专项委员会负责和处理专项事务,其中,中超俱乐部超级联赛委员会会员、中甲俱乐部是甲级联赛委员会会员,他们在中国足球协会授权范围内,分别以民主协商和民主决策的方式组织和管理各自级别的联赛及相关事务;并且,职业足球俱乐部实行双重注册管理,即在本俱乐部所在行政区划内的本会会员协会和中国足球协会相关专项委员会注册,职业足球俱乐部隶属于会员协会但必须接受本行政区划内的本会会员协会的行业管理和业务指导。

　　足球管理中心(2016 年 2 月注销)的结构:综合部、外事部、联赛部、技术部、青少年发展部、女子足球管理部。足球管理中心集决策与执行机构于一身,理所当然地还被文件授予了包括"拟订所管项目的方针、政策、规划和管理制度;负责运动员注册和转会,评审运动员、裁判员技术等级和教练员专业技术职务。1998 年机构改革后,国家体育总局于 2001年颁布《国家体育总局关于运动项目管理中心工作规范化有关问题的通知》(体政字[2001]46 号)不弱反强,足球管理中心完全按照行政结构设置,并且,要求各中心严格执行总局的各项规章制度,加强对运动训练的管理,加强对训练、竞赛的经费管理,加强国家队运动员从事广告、商业比赛活动及收入的管理,规范市场开发活动。足球管理中心承担着组建国家足球队队,指导运动训练和青少年后备人才培养;制定竞赛计划、竞赛规程和裁判法,组织国内外比赛;拟订对外交流计划;开展经营活动,拓宽资金筹措渠道"等更为广泛的职责。实际上,《体育法》赋予中国足球协会的职能,都被管理中心取而代之,中国足球协会只剩下"唯一代表中国的国际足球联合会会员和亚洲足球联合会会员"的名头。

"脱钩"改革已近五年,我们依然没有看见可喜的成就,中国足球协会高层仍然习惯于称呼"中心主任或者中心副主任"。显然,传统的中国各级各类足球协会的结构设置均是典型的行政结构。因此,注定了中国足球协会是一个矛盾结合体,中国足球协会是民间机构却拥有行政权力,中国足球协会是一个独立的行业管理机构也是国家体育总局下设的一个"办公室",中国足球协会对外以"中国足协"形象示人、对内却是足球管理中心。

(二) 中国足球协会结构与中国职业足球联赛结构的同化

所谓结构的同化,另一方面是指中国足球协会与中国职业足球联赛结构趋同。由此导致的问题是中国足球协会的全面发展和社会责任问题,足球职业联赛是商业运作模式,而协会是非营利性组织,协会的社会责任是首要价值。这显然不同于美国足球协会(USSF)会员的责权利的问题。

尽管《中国足球协会会员协会管理办法》(1999)和《中国足球协会章程》的各个版本均有不够完善或未尽人意的地方,但已符合国际足球联合会(FIFA)的基本要求,《中国足球协会章程》规定中国足球协会的结构至少是涵盖青少年足球、社会足球、足球文化、足球产业。如果章程能够较好落实,中国足球协会就会建立起既适合我国国情又符合足球发展规律的管理体制和组织结构,就能较为顺利地走上法制化、制度化和民主化的道路。中国足球协会就可能集全国足球界乃至社会各界的智慧和能力，在各项工作中做出科学合理并更富建设性的决策。

然而，各级各类足协均以职业足球联赛为中心工作，没有职业俱乐部的地方足协被虚置甚至是没有成立，中国足球协会结构已经矮化为职业足球联赛结构。中国足球联赛俱乐部分布，见表7-1-1所列。此外，原本中国足球协会各类专项委员会的设立和运作，更有利于调动各级职业足球俱乐部及社会相关方面的积极性，更有利于动员和整合更加广泛的社会资源、人才和知识，以便为足球运动发展服务，从而极大地推动我国足球运动的全面发展。由此，中国足球协会集足球界乃至社会各界的知识、智慧和人财物力等资源，广泛调动各方面的积极性，通过法制化、制度化和民主化的方式管理全国足球运动，推动我国足球运动的不断发展和进步。遗憾的是，除了中超、中甲、裁判、纪律等几个委员会略具雏形之外，其他协会会员未予落实。主席双重身份，章程一纸空文，最高权力机构徒有虚名。

表7-1　年中国足球联赛俱乐部分布情况

类别	俱乐部名称	数量	
中超	长春亚泰、辽宁宏运、北京国安、石家庄永昌、天津泰达、山东鲁能泰山、河南建业、江苏苏宁、上海绿地申花、上海上港、河北华夏幸福、杭州绿城、重庆力帆、延边富德、广州恒大、广州富力	总数 省级 直辖市 市级	16 6 5 5
中甲	浙江滨毅腾、上海申鑫、大连阿尔滨、贵州恒丰智诚、内蒙古中优、新疆天山雪豹、北京控股、北京人和、大连超越、天津权健、青岛中能、青岛黄海、武汉卓尔、湖南湘涛、梅州客家、深圳	总数 省级 直辖市 市级	16 5 4 7
中乙	北京理工、江西联盛、河北精英传媒、四川安娜普尔纳、火车头青建圆方、成都钱宝、保定容大、梅县铁汉生态、内蒙古包头鹿城、丽江飞虎、宁夏山屿海、上海聚运动、沈阳东进、南通支云、黑龙江火山鸣泉、苏州东吴、盐城大丰、海口博盈海汉、沈阳城市、深圳人人	总数 省级 直辖市 市级 行业	20 6 2 11 1

类别	俱乐部名称	数量
女超	大连骏丰、北京控股、河北中基、江苏华泰、解放军女足、上海国泰、天津汇森、长春大众	总数 8 省级 3 直辖市 3 市级 1 行业 1
女甲	广东体彩、河南女足、山东女足、陕西女足、四川女足、武汉江大、浙江杭州	总数 7 省级 6 市级 1

资料来源:依据中国足球协会官方网站整理。

二、功能的异化

在中国足球协会与足球管理中心、职业足球联赛结构同化状态下,中国足球协会当然难逃功能同化的命运,具体于中国足球协会与足球管理中心的功能同化、中国足球协会与职业足球联赛的功能同化,当然也许是功能异化。

(一) 中国足球协会与足球管理中心功能趋同

随着足球管理中心退出历史舞台,中国足球协会与足球管理中心的功能同化或者功能异化成为历史,“脱钩”后中国足球协会的功能提到议事日程。然而,脱钩改革戛然而止,各种问题回到起点。

中国足球协会的职能,《中国足球协会会员协会管理办法》(1999)规定:“制定本地区足球活动的方针政策和规章制度,建立健全各项内部管理制度;积极推广普及足球运动,培养足球后备人才;组织各级各类足球竞赛活动;发展和参加足球场地设施的建设;发展会员;注册和转会工作。”根据《中国足球协会章程》(2003)规定:“研究制定足球的规划、计划和行业标准;促进俱乐部的建设和后备人才的培养,管理本项目的各级国家队;研究制定并组织实施本项目的全国竞赛制度、竞赛计划、规划和裁判法;组织教练员、裁判员培训;组织科学技术研究,提高训练水平;制定足球场地标准和足球器材的研究、发展;开展国际交往和技术交流等。"

《中国足球协会章程》(2019)规定:"全面负责足球项目的管理,研究制定足球发展的方针政策、规划、计划和行业标准;指导、促进本会会员建设和开展工作,加大对会员协会的扶持力度,进一步壮大其自身运营能力,形成覆盖全国、组织完备、管理高效、协作有力、适应现代足球管理运营需要的协会管理体系;管理各类全国性足球竞赛,制订竞赛制度、竞赛计划和规程并组织实施;负责足球专业人才的培养,构建足球技术发展的理论体系;普及发展社会足球,不断扩大足球人口规模;构建青少年后备人才培养体系,推动和发展校园足球运动;促进俱乐部健康稳定发展。严格准入,规范管理职业足球俱乐部,充分发挥其在职业联赛中的主体地位和重要作用;组织管理各级国家队,增强国家荣誉感和社会责任感,打造能征善战、作风优良的国家足球队;推进足球文化建设,促进足球产业的发展,制订足球场地设施和器材的标准;开展国际组织、国家和地区间的交流和技术合作,制定对外活动计划并组织实施,广泛联系和团结社会各界人士,充分发挥桥梁和纽带作用;与会员合作并按章程监督管理在本会辖区内组织的各级各类国际比赛;对违反国际足联、亚足联及本会的章程、《足球竞赛规则》和有关规定,以及有损于足球比赛的行为进行监管及处罚。"

足球管理中心的职能,《国家体委运动项目管理中心工作规范暂行规定》(1997)指出:"运动项目管理中心是承担运动项目管理职能的国家体育总局直属事业单位,是所管项目全国单项运动协会的常设办事机构,负责所管项目的各项工作;中心的重大决策、重要活动、工作部署和年度工作计划及总结等,必须向国家体委作出书面请示和报告;国家体委机关各厅、司、局、委是国家体委对中心业务工作实施领导的职能部门;中心接受国家体委各职能部门的指导、监督和检查。"当时曾有一种说法:"足球管理中心是中国足协的核心部分,会员协会和俱乐部是中国足协的外围组织。"形成了《中国足球协会会员协会管理办法》(1999)的第四条："会员协会的核心是足球管理中心,会员协会的外围是各专项委员会,中心的各职能部门是会员的会员协会的办事机构。"如此,中国足协事实上回到了原有的行政管理体系,并牢牢地控制在足球管理中心的手中。《国家体育总局关于运动项目管理中心工作规范化有关问题的通知》(体政字[2001]46号)："中心应当加强国有资产(包括有形资产和无形资产)管理工作,对市场开发活动中合作期限长、标的大、影响大的项目,应当认真论证,并报总局审查批准;中心要对运动员广告的内容和形式进行必要的审查和监督,运动员从事商业性广告活动应当经所属的全国性单项体育协会批准。"

显然,足球管理中心取代了中国足球协会,中国足球协会的结构和功能徒有其表,足球管理中心使中国足协的章程、组织、职能及其制定的发展规划等彻底虚化,是谓中国足球协会与足球管理中心的功能同化。

(二)足协功能逐渐演变为举办职业足球联赛

《中国足球协会会员协会管理办法》(1999)和《中国足球协会章程》各个版本都明确指出中国足球协会以及省市足协的功能,其至少是涵盖青少年足球、社会足球、足球文化、足球产业,而绝不仅仅是足球职业联赛。然而,各级各类足协的功能逐渐演变为职业足球联赛是不争的事实,从调查结果来看,足协的中心工作就是举办职业足球联赛,没有俱乐部的省市足协虚置。

北京、上海、广州均拥有5家职业足球俱乐部,而沈阳(大连)拥有6家职业足球俱乐部,笔者查阅上述省市的体育局网站、体育协会网站,足协均是以职业联赛为中心工作,女性足球、青少年足球和残疾人足球信息被边缘化甚至是无法找到。这也不难解释,足协的实际运作者是足球管理中心,而中心必须向上级负责,具体形式就是国家队的成绩,国家队队员的直接来源就是职业俱乐部,因此,各级各类足协会员关注足球职业联赛和确保中超为国家队服务理所应当。

人们似乎已经习惯于把足协等同于足球职业联赛,各省(直辖市)足协忙于足球职业联赛的各项事务,各省(直辖市)没有足球职业联赛或者俱乐部较少的,索性把区(县)足协也取消了,比如重庆至今区(县)足协不完整,导致足协改革无法完成①。事实上,足协将足球职业联赛作为中心工作,足协功能定位及其相互关系已经异化。中国足球协会倘若真能够将中超治理好,外界也不会经常指责其无能。试想,足协的身份决定了其首先是对上级负责,而不是对俱乐部、球员、足球市场等,无视这些职业联赛的关键性要素,中超如何能够实现盈利。

表 7-1　各省(直辖市)俱乐部排名前 6 的情况

	中超	中甲	中乙	女超	女甲
北京	北京国安	北京控股 北京人和	北京理工	北京控股	
上海	上海绿地申花 上海上港	上海申鑫	上海聚运动	上海国泰	
天津	天津泰达	天津权健		天津汇森	
广东 (广州、深圳)	广州恒大 广州富力	深圳	深圳人人		广东体彩
沈阳(大连)	辽宁宏运	大连阿尔滨 大连超越	沈阳东进 沈阳城市	大连骏丰	
山东(青岛)	山东鲁能泰山	青岛中能 青岛黄海			山东女足

资料来源:依据中国足球协会官方网站整理。

---

①　重庆市体育局副局长在 2016 年 4 月 26 日的"地方足球协会改革工作会议"上的发言,指出重庆市许多县区没有足球协会——"目前我市足球协会不仅底子薄、条件差,而且资源相对贫乏,特别是无场地、无基础,长期依附于市足球管理中心,而市足球管理中心又是一个自收自支的事业单位,自身也存在生计问题。由于历史原因,我市的足球协会管理体系存在不够完善、不够健全的问题,许多县区甚至没有足球协会,在这样的情况下,即便是完善了市足球协会,许多工作也难以落实到区县,甚至会出现市级热、区县冷的情况。"像这样一个拥有中超俱乐部的直辖市尚且如此,不难想象中国其他省市足协的情况。

三、关系的分化

在中国足球协会与足球管理中心结构同化和功能异化的背景下,其关系自然分化,可以概括为:关系紧张和关系混乱。所谓关系混乱,是指中国足球协会异化为机关、事业、社团、企业法人"四体合一"的结构及其导致的关系状态;所谓关系紧张,是指这种混乱导致的体制性和资源性矛盾冲突。

(一) 关系混乱:中国足球协会"四位一体"的结构关系

以往,中国足球协会一方面成为足球管理中心的代言人,另一方面将职业足球联赛作为自己的主要工作甚至是唯一工作,中国足球协会异化为机关、事业、社团、企业法人"四体合一"的结构。

机关、事业、社团、企业法人在中国乃至世界上各有其内在的规定性乃至特殊的规则和文化。事实上,四种法人不分的状况是造成俱乐部亏损运营的重要原因。今天,我们依然没有实质性地改变这种状况。中国的职业联赛要实现持续、健康、快速发展,必须实现职业俱乐部的盈利,这是一个基本前提,否则所谓的改革只能是一阵热闹、一场闹剧!防止国有资产流失并非是只通过强化国家体育总局控制权就可以实现的。当我们把联赛的公共利益看得很重,进而,希望强化事业和社团法人地位的时候,恐怕也不能忘记企业家精神、社会的价值和企业法人对于联赛发展的价值。

2012 年 2 月,中国足球协会特别代表大会通过了"职业联赛管办分离方案",设立了由中国足协、地方协会、俱乐部、中超公司和特邀社会人士参与的职业联赛理事会和执委会,全面负责职业联赛的运营和管理,在理事会下设立执行局,从此独立管理、组织和运营联赛。然而,联赛具体的管理部门仍属于中国足球协会内部机构,理事会和执委会并未成为独立于中国足球协会的运营主体,这种模式仍然缺乏章程和制度的法律基础。

2016年2月,中国足球管理中心正式撤销,中国足球协会与体育行政部门正式脱钩;至此,中国足球协会彻底摆脱了"四体合一"的结构;接下来,第一步是确定中国足球协会的结构模式,加快各级各类足协会员的脱钩,第二步是理顺中国足球协会的内外部的结构关系。令人尴尬的是,第一步尚未完成,改革就陷入僵局。

(二)关系紧张:一种源于体制转变和资源转型的矛盾冲突

在计划经济体制下,足球的全部资源集中在各级体育行政管理部门手中,他们通过行政手段将资源划拨到专业足球队及体育学校,其管理模式合情、合理、合法。在市场经济体制下,以市场方式配置的足球资源逐步转移到了足球俱乐部、企业及社会其他方面,各级体育行政管理部门早已不再供养专业足球队,行政管理的方式失去了必要的资源基础。

此时,以国家法律法规、协会章程及其相关规章制度进行管理,以民主协商的方式协调各方权益、和谐发展,理应成为足球管理的基本方式。在这种模式下,中国足协、俱乐部、企业之间究竟是什么关系?企业明知俱乐部亏损,为什么还要冠名?显然,对于一个理性经济人,如果不能得到市场上可以接受的利润率,其必定谋求外部利润,如果外部利润仍然未能满足预期,企业势必会退出职业联赛。

足球管理中心的痼疾是没有认识到或根本不能适应资源性和体制性的转变,忽视或不愿顾及资源所有者的合法权益及足球运动长远发展的需要,以行政手段强制管理和干预足球运动的社会化、市场化和职业化发展。如此,必然引发矛盾冲突,表现为中国足球协会与足球管理中心之间的关系紧张,具体体现在不愿遵从法律法规、规章制度及既定的协会决策程序,缺乏完善中国足协的组织建设和制度建设的主动性和积极性,维护极具争议的国字号球队长期集训制度,随意改变联赛赛制、升降级制度和竞赛日程,忽视青少年足球培养体系建设和青少年足球运动普及等基础工作,罔顾会员代表大会通过的发展规划,乃至掠取中超联赛电视转播权。凡此种种,可以概括为中国足球协会结构关系混乱导致的内部关系紧张,当然,这主要是足球管理中心不适应结构转变和功能转型的结果。

第二节 中国足球协会会员制度存在的问题

在结构、功能、关系三个维度上,中国足球协会均存在问题,导致了中国足球协会不得不改革。与此相应,中国足球会员制度也面临着结构、功能、关系三个维度的问题,我们将这些问题纳入纵向的层级间结构关系与横向的责权利关系之中,加以考量。

一、双重阻碍与双向问题

中国足球协会改革刚刚迈出第一步,我们正经历着"后双重管理体制时代[①]",高层积极推进改革,全国大部分地区已经完成"脱钩",而部分省市还在原有的体制下运行,并且,改革处于暂停状态。因此,我们面临着推进改革与运行新政两个不同层面的问题,中国足球会员制度面临着双重阻碍与双向问题,需要甄别。

(一)何谓双重阻碍与双向问题

当下,中国足球协会正处于"后双重管理体制时代",中国足球协会以及中国足球会员制度面临着宏观环境与地方困境的双重阻碍,面临着纵向层级间的结构关系与横向的责权利关系的双向问题。部分地方足协在推进改革过程中遭遇了较大的困难,他们尽力拖延时间甚至是抵制改

---

① 郁建兴,等.后双重管理体制时代的行业协会商会发展[J].浙江社会科学,2012 (7):53-61+77+156-167.

革。进而,造成了中国足球协会改革的怪现象——高层积极推进改革、部分地方足协迟迟不动甚至暗自抵制。当下,改革暂停,又面临着部分省市足协已经"脱钩"的局面,维持现状是不可能的,要么向前要么后退,关键是突破阻碍。

对于双重阻碍,有学者称为"脱而未变",足球协会的改革存在两个困境,一是条块关系呈现出非常明显的"双重从属制"的外在特征造成改革工作推行不畅;二是由于"理不清""改不了""不想变"而出现政府职能转变受阻。足球改革"脱而未变"的困境及出路,可以为我国体育管理体制改革提供深刻的探索和前行的借鉴(叶林[①],2019)。

应该说,当下中国足球协会改革及其会员制度面临的一切问题皆源于此。解决之道,一是切实了解各级各类足协会员的难处,本着"扶上马,送一程"的态度,尽快推进改革,使各项政策落地;二是出台责任制,强力推进改革。须知,改革没有回头路,拖延或者维持并不是出路。至于,各级各类足协会员纵向层级间的关系、横向结构间的关系则是各级各类足协会员完成脱钩后,运行层面的问题。

(二)纵向问题:如何界定各级各类足协会员的纵向的结构关系

中国足球协会与足球管理中心脱钩后,难免造成足协内部运行阻碍,而厘清中国足协、省级足协、市级足协、行业足协之间的结构关系是理顺足协内部体制机制的关键所在。

本书以纵向的隶属关系为抓手,把握各级各类足协会员的层级关系,研究足协内部运行的体制机制问题。确定足协内部运行体制机制的隶属关系、结构归属、功能定位,力求构建中国足协、省级足协、市级足协、行业足协结构关系的整体框架。

---

① 叶林,陈昀轩,樊玉瑶.中国体育管理体制改革的困境与出路——基于足球改革的调查[J].中国行政管理,2019(9):50-55.

(三)横向问题:如何框定各级各类足协会员横向的责权利关系

中国足球治理现代化的关键是各级各类足协会员与地方政府、俱乐部(联盟)、企业、媒体之间的责权利关系。

本书以横向的责权利关系为抓手,探讨各级各类足协会员与地方政府、俱乐部(联盟)、企业、媒体之间的结构归属和责权利划分,以利益共享、责任共担、彼此关切、协调互动为理念,找出利益相关者之间的博弈困境,通过各利益主体的职能重构,构建规范、透明、高效、协调、公正的足球管理体制和各级各类足协与地方政府、俱乐部(联盟)、企业、媒体的沟通协商机制。

二、纵向的结构关系问题

中国足球协会脱钩后,各级各类足协会员纵向的结构关系概分为中国足协、省级足协、市级足协、行业足协,纵向的结构关系混乱成为主要问题。改革进程中,必须厘清结构、功能、关系三个维度上的问题。

(一)纵向结构层面的问题

结构的问题是根本的问题,中国足球协会、省级足球协会、市级足球协会、行业足球协会在结构上是保持一致、还是有所区别? 步调一致也好,强调特色也罢,切不可结构缺失。

第一,省级足球协会。一方面,中国足球协会改革是大势所趋,省级足协如何应对? 另一方面,中国足球协会脱钩后,省级足协结构应该是什么样子? 其能否顺利运转?

脱钩改革虽然阻力重重,但是,社会各界积极推动各级各类足协会员与地方政府脱钩。2015 年 2 月 27 日,中央全面深化改革领导小组审议通过了《中国足球改革发展总体方案》。2015 年 8 月 25 日,广州市足协第十届第一次会员大会召开,推出足协改革方案,打响了地方足协改革的

"第一枪"——广州市足协与广州市体育局脱钩。广州市足协不再作为政府预算单位,在内部机构设置、财务薪酬、人事管理等方面拥有完全自主权,成为全国第一个"单飞"的地方足协。这标志着广州足球社会化、专业化、市场化改制全面启动。广州市足协优化组织架构,建立社会化、专业化和市场化足球管理运行机制;以去行政化为切入点,推动足协改革各项措施落地;按照政社分开、权责明确、依法自治的原则,建立科学化、社会化和专业化足球管理体制和运行机制,朝着公益性、专业性、权威性、非营利性和广泛代表性的方向发展;按照回归社会、回归校园和回归市场的指导思想,把专业人才、社会人才和企业代表纳入进来,发挥作用;以两个职业俱乐部为龙头,把青训和校园足球做详细的规划,为广州足球登上新的台阶而努力。2016 年 9 月 21 日,四川省足协与四川省政府部门脱钩,四川省足协成为中国省级地方足协与地方体育行政主管部门脱钩的"第一人"。

中国足球协会脱钩后,省级足协结构应该是什么样子?其能否顺利运转?对于足球基础薄弱的省级足协显然"接不住"足协脱钩的政策,勉强为之,于事无补。因此,地方体育行政部门要"扶上马,送一程"[1]。各地体育行政部门要加强对足协的政策和业务的指导,保持并不断加大科研、运动员文化教育、新闻传播、反兴奋剂等方面的指导和支持力度;要制定有针对性的扶持引导政策,规范政府购买足协公共服务的政策和程序;要充分发挥机关行政部门的优势,支持足协开展正常业务活动,协调各级行政部门支持配合足协开展各项活动,尤其在活动审批、赛事安保等方面要给予支持,确保足球赛事等活动顺利、安全举办;当然,脱钩后的足协也要适应新体制、新机制、新形势,创新监管手段和方法,配合民政、财政、公

---

[1] 中国足协主席蔡振华于 2016 年 4 月 26 日在地方足球协会改革工作会议上的讲话强调:"脱钩是足协和体育行政部门脱钩,不是足球和体育脱钩,各地体育行政部门不能在脱钩后对足协不闻不问,不能让足协与体育行政部门彻底脱离,各地体育行政部门对足球万万不能'一脱了之'。"江苏省体育局副局长、广州市足协副主席、重庆市体育局副局长在地方足球协会改革工作会议上的发言,都强调了"脱钩不脱离"的重要性。

安等部门加强登记审查、业务监管和执法检查。从官方的这些表态来看，足协脱钩确实遭遇了较大的困难。

第二，市级足球协会。显然，市级足协同样存在结构层面的问题，甚至是更加严峻，要想改得好、接得住，一是自身积极作为；二是地方政府给予必要的支持。

事实上，中国足球协会中市级足协具备实际运作能力的不多，全国仅大连市、青岛市、厦门市、深圳市、沈阳市、长春市、延边自治州、南京市、武汉市、广州市、成都市、西安市、昆明市拥有职业足球俱乐部。《关于推进地方足球协会调整改革的指导意见》指出："各地根据自身情况，合理安排改革进度，注重调查研究、科学论证，确保改革稳妥有序。"上述城市应该以职业足球俱乐部及其职业联赛为龙头，抓在手里，放在心上，以此作为城市足协的核心结构、中心工作，进而带动其他工作，比如以职业俱乐部提升城市足球文化建设、加强市级足协后备队伍的建设等。没有职业足球俱乐部的城市，市级足协的主要工作应该是足球的普及与推广——校园足球、社会足球、足球文化等。当务之急，是以整合行业足协为核心的民间足球赛事，构建权威的业余足球联赛体系。为此，绝大多数市级足协的结构中，应该突出特色，强调青少年足球部和社会足球部的重要性，探索有利于本地足球发展的协会建设路径与运行模式，鼓励多样化、差异化发展。

第三，行业足球协会。行业足协有其独特之处。一方面，行业足协采用纵向的管理模式，所以只能够将这个特殊的会员置于纵向的结构关系中进行探讨；另一方面，行业足协与省级足协、市级足协不是按照同一标准分类的，也不存在隶属关系，结构设置、功能定位不具有可比性。行业足协仅仅是本行业内部的结构，其不可能有青少年足球、校园足球的相应机构，更加不可能有负责社会足球、足球产业的部门。对此，诚如《中国足球协会调整改革方案》中所述，"创新协会组织结构和管理模式"，行业足协是足球发展和足协改革不可或缺的一部分，在这个前提下，各级各类足协会员应该不遗余力地助力行业足协发展。

显然,结构的缺失是关键问题,各级各类足协会员均呈现出这一问题。结构的缺失导致两个层面的问题:对上,中国足球协会的相应工作无法落实;对下,省级足协、市级足协的相应工作无法对接。因此,省级足协会员是问题的核心环节,省级足协的会员结构应该与中国足协保持一致(除去行业足协、个人会员等特殊结构外),理应完全按照中国足协的结构进行设置。《中国足球协会调整改革方案》实施后,中国足球协会在会员结构方面:制订符合实际的会员准入标准,明确会员的权利义务;通过鼓励和支持或者改造行业足球协会,联赛、女子、草根、五人制等足球组织,足球科研、法律等相关机构的建立和完善,逐步吸纳各方代表成为中国足协会员;指导、加强地方足球协会的建设和完善,逐步优化地方足球协会的层级结构。最终,形成中国足协、省级足协基本匹配的权威足球联赛体系,第1级当然是中超联赛,之后逐级递减为中甲、中乙、中丙等,以及女超、女甲等,涵盖职业足球俱乐部、行业足球协会以及女子、草根、五人制等足球组织。

(二)纵向功能层面的问题

结构层面的混乱决定了功能层面的模糊。中国足球协会的功能是什么?省级足协的功能是什么?市级足协的功能是什么?行业足协的功能是什么?亟待厘清。

《中国足球协会章程》(2019)规定:中国足球协会的业务范围:一是全面负责足球项目管理,研究制订足球的方针政策、规划、计划和行业标准。二是指导、促进本会会员建设和开展工作,形成覆盖全国、组织完备、管理高效、协作有力、适应现代足球管理运营需要的协会管理体系。三是管理各类全国性足球竞赛,制订竞赛制度、竞赛计划和规程并组织实施。四是负责足球专业人才培养,构建足球技术发展的理论体系。五是普及发展社会足球,不断扩大足球人口规模。六是构建青少年后备人才培养体系,推动和发展校园足球运动。七是促进俱乐部健康稳定发展。八是组织管理各级国家队。九是推进足球文化建设,促进足球产业发展,制定足球场地设施和器材的标准。十是开展国际组织、国家和地区间的交流和技术合作,制订对外活动计划,广泛联系和团结社会各界人士,充分发挥桥梁和纽带的作用。十一是监督各级各类足球比赛。十二是对于违反章程的进行处罚。

省级足协、市级足协的功能是在辖区内开展足球活动,承担相应的责任。例如,负责辖区内足球项目管理;构建覆盖辖区的协会管理体系;管理辖区足球竞赛;负责辖区足球专业人才培养以及联系和团结社会各界人士;监督各级各类足球比赛;对于违反章程的进行处罚。更为重要的是省级足协、市级足协要致力于普及发展社会足球,不断扩大足球人口规模,构建青少年后备人才培养体系,推动和发展校园足球运动,推进足球文化建设。

地方足协的另一个重要职责是完善会员结构,制订明确的会员入会标准,构建学校、竞赛、教练员、裁判员等专项委员会。此外,省级足协还要建立覆盖全省的足球业余足球联赛机制,积极开展形式多样的群众性足球活动。在有条件的地方足协,应大力发挥职业俱乐部的功能,促进俱乐部健康稳定发展,推动足球产业发展,以此带动足球的相关领域共同发展。我国行业足协会员,虽然中乙的火车头和女超的解放军进入职业俱乐部行列,但是,从整体上看,行业足协的功能仍然局限于行业内部,显得格格不入。

以《中国足球协会章程》为基准,中国足球协会与省级足协、市级足协、行业足协明确各自的功能,各级各类足协与地方政府(体育行政部门)之间明确各自的功能及其边界。各级各类足协会员既是团结辖区内足球组织和个人共同发展足球事业、具有公益性质的社会组织,又是根据法律授权和政府委托管理辖区内足球事务、具有公共职能的自律机构,承担了体育行政部门在足球领域的管理责任。厘清了各级各类足协会员的功能边界,接下来,理顺各级各类足协会员的关系。

(三)纵向关系层面的问题

中国足球治理困境源于主体间关系的混乱——体育行政部门越位与缺位共存、体育市场主体利益阻滞与缺乏规范并行、体育社会组织功能异化与弱化同在。基于此,脱钩后的各级各类足协会员的内外部关系构成了足球治理的核心内容,而重塑各级各类足协会员之间的关系成为足球善治的必然选择。

广州市足协遭遇的问题,引发我们的反思。广州一直以来都是我国的足球强市,基础扎实、资源丰厚、结构合理、运转流畅,所以广州市足协成为我国第一个脱钩的市级足协,然而,现今的广州市足协举步维艰,为何如此? 恰恰是广州市足协失去行政依傍后,无法理顺足协与行政部门的关系,难以有效开展工作,尤其是举办大型足球比赛,作为社会团体的广州市足协难以调动相关部门的资源,导致办赛成本骤然剧增乃至无法承受。诚然,在社会整体环境未有改观的状况下,足协改革单兵突进,难度可想而知。

《中国足球协会调整改革方案》确立的足协改革基本原则:"体制改革是系统工程,需要厘清改革中各类政策要素之间的逻辑关系,避免单兵突进。要形成具有可操作性的实施方案,有秩序、有步骤持续推动。高度重视足球改革和中国足协改革在体育改革中'突破口''试验田'的定位和意义,以点带面,引领推进,最终实现中国足协改革与体育社会组织改革的衔接和统一。"因此,厘清中国足协与省级足协、市级足协、行业足协之间的关系尤为重要。

《中国足球协会调整改革方案》,明确要求,深化改革,要先立后破或以立促破,破立结合,防止前后脱节,形成政策真空;充分调动政策资源,为改革保驾护航。对于改革中的重点和难点,要创新求变,特事特办,试点先行,逐步完善。深入研究和处理好改革过程中的政策过渡和衔接。可以理解为,"破立结合,以立促破",各级各类足协会员先与体育行政部门脱钩,完成脱钩后,再理顺各级各类足协会员的关系,当然,要在治理语境中理顺身份转变带来的关系混乱。

在治理语境中,探讨各级各类足协之间的关系更为明朗。足球治理是围绕着各级各类足协会员之间责权利配置形成的结构形态、相互关系和运行机制的一系列制度安排,而善治取决于组织结构设计的科学性、责权利配置的合理性、运行机制的完善性。各级各类足协会员合作的基础是地位平等、利益互惠、文化相融,他们主要通过合作、协商、伙伴关系、确立共同目标等方式实现善治。构建平等、协商、合作的中国足协与省级足协、市级足协、行业足协之间关系,必须依靠完备的制度框定各级各类足协会员的责权利边界。

(四)优化纵向结构关系的一个范例

美国足球协会(USSF),在会员构成及关系方面独树一帜,联合会只提供一个框架,协会的具体运行依靠州协会,各州协会拥有自主权和自治权,并且,州协会各有不同。当然,国情不同,只可适度借鉴。

美国足球协会(USSF)只提供治理准则,并且,将包容性被视为美国足球协会(USSF)的价值所在,将会员的多样化视为美国足球协会(USSF)生存之本。美国足球协会(USSF)制订了协会包容性和会员多样化的法律框架,重构组织文化、强调多元文化,并且,将协会包容性和会员多样化落实在结构与政策层面。美国足球协会(USSF)强调协会会员的民主参与,注重反对歧视,将透明度很民主性视为协会的核心价值。客观地说,美国足球协会(USSF)在上述层面都存在问题,但是,从这些问题中,能够反映出,联合会关注协会宏观层面的问题、注重维护协会的基本价值,至于具体的操作层面则交给州协会和专项协会。

州协会和专项协会是美国足球协会(USSF)的实践者和执行者,州协会和专项协会按照《美国足球联合会章程》制订各自的章程,在坚持基本价值和维护协会章程的基础上坚持自己的特色。会员是协会的生存之本,州协会和专项协会将为会员提供服务视为核心内容,将协会决策的民主参与视为协会治理基本价值,形成集体协商的治理模式,将协会发展视为第一要务,将会员人数、协会参与率和会员忠诚度视为关键指标,制订了完善的会员制度,明确会员资格、会费标准、入会程序和会员的责权利等。州协会和专项协会致力于发展辖区内的足球事业,致力于推动辖区内各类人群的足球参与,致力于完成辖区内的社会目标。

由此,理顺了美国足球协会层级间的结构关系,形成分层分类治理和利益相关者协同共治的局面。

三、横向责权利关系问题

中国足球协会脱钩后,各级各类足协会员面临三个问题,即如何生存? 怎么治理职业联赛? 如何应对校园足球? 基于此,横向的责权利关系不清成为关键问题,亟待从结构、功能、关系三个维度上,重构各级各类足协会员与地方政府、俱乐部、企业、媒体的责权利边界。

(一)横向结构层面的问题

以往,中国足球协会的独立性和代表性不足,每当处于利益交汇处,往往出现自身定位偏向政府或企业的问题,导致"四体合一"的窘境。

中国足球协会"四体合一"的结构导致其难以独立运作。事实上,机关、事业、社团、企业法人在中国乃至世界上各有其内在的规定性乃至特殊的规则和文化。简单地说,机关单位讲究服从上级,服务领导;事业单位注重相互制衡,机制协调;社团单位谋求利益共享、相互扶助;企业单位追求面向市场、服务受众。其实,不同法人的责权利不同,其内部规则和文化对人的塑造和规训也不一样,不能简单地叠加。《中国足球协会调整改革方案》明确中国足协既是团结全国足球组织和个人共同发展足球事业、具有公益性质的社会组织,又是根据法律授权和政府委托管理全国足球事务、具有公共职能的自律机构,承担了体育部门在足球领域的管理责任。

显然,评价各级各类足协会员治理结构的两个标准是:能否代表会员利益、是否充分履行服务职能。各级各类足协会员完善内部治理结构的有效途径是加强秘书处专职制、会员代表大会制和会长选聘机制三方面的建设,以健全机构、充实力量、完善职责、增强自我造血功能为重点,在内部机构设置、工作计划制定、财务和薪酬管理、人事管理、国际专业交流等方面拥有自主权,健全以章程为核心的法人治理结构,科学合理地设置办事机构、分支机构、代表机构,真正成为自主办会、服务为本、治理规范、行为自律的社会主体,这样才能够确保足协真正去行政化,回归社会本位,依法独立运作。

长期以来,中国足球水平徘徊不前,足球市场化改革举步维艰,足球利益格局日趋固化,充满活力、协调各方的体制机制始终没有形成。问题在于体制机制阻滞、资源整合乏力,关键是行政干预,亟待厘清社会组织、市场主体与行政机关的职能边界,"用好政府的有形之手、放活市场的无形之手、完善社会的自治之手"①,强调市场在资源配置中的决定性作用,激发一切要素的活力,实现利益均衡。利益均衡本质上是理顺政府、市场、社会三者之间的关系。《中国足球协会调整改革方案》强调了脱钩后足协是公益性质的社会组织、是自律机构、是足球领域的管理者,必须创新协会组织结构和管理模式,明确定位和职能,优化领导机构,健全组织体系,形成专业高效、系统完备、民主开放、运转灵活、法制健全、保障有力的体制机制。

显然,结构合理是利益均衡的前提,一个专业化的足球治理团队通常具备完善的法人治理结构,在这样的逻辑下,西方的职业体育治理,一般采取的是委托代理机制,政府制定法规政策,协会把握行业规范,委托职业联盟运营,联盟和俱乐部利益共享风险共担。例如,英国足总和英超的关系,联盟负责联赛规则制定和经营推广,联盟主席只是领取固定的工资,当然,联盟效益好,他可以得到奖金,俱乐部占有一定比例的联盟股股

---

① 中国足协主席蔡振华于 2016 年 4 月 26 日在地方足球协会改革工作会议上的讲话。

但独立运行,企业冠名获得利润但不参与俱乐部建设和联赛运营,英足总官员不直接介入职业联盟的运作,如此利益相关者才能够地位平等、利益均衡。在我国还存在一个媒体的问题,从结构的角度来看,媒体与各级各类足协会员分属不同结构自不必说,关键是转播权收入问题,可行的方案是从善治的角度理顺足协与媒体的关系以达利益均衡。

(二)横向功能层面的问题

在中国足协脱钩、广州市足协脱钩、四川省足协脱钩、部分省市足协尚未脱钩、改革处于暂停状态的大背景下,各级各类足协会员处于"后双重管理体制时代"①,即处于从行政管理与协会治理转变为足协自治的进程中,那么,各级各类足协会员面临哪些挑战呢?一是自身的组织能力难以适应新的机遇和挑战;二是政府主导的监管体制难以满足规范和促进足协发展的需要。在挑战面前,各级各类足协会员应坚决避免以往被体育行政部门俘虏的现象,以及足协的"权力越位"②现象,即过度代表会员利益和侵犯会员利益的行为。

各级各类足协会员面临着自身能力不足导致的职责混乱,缺乏外部联合性组织、内部监督约束机制,以及法人治理结构、政社合作和足协自组织能力。在我国行业协会的自律职能普遍处于失效的状态下,各级各类足协会员呈现出协会的自组织性、结社性和次生性的组织一般性特征③弱化的现象,这也决定了各级各类足协缺乏强有力地制约会员执行自律规章制度的能力及行动,从而难以约束会员的机会主义行为,造成了自律职能的失效。此外,自律职能失效导致了各级各类足协会员缺乏服务意识,缺乏关注社会和市场的需求意识,缺乏对本地区足球发展的思

---

① 郁建兴,等.后双重管理体制时代的行业协会商会发展[J].浙江社会科学,2012(7):53-61+77+156-167.

② 周莹.行业协会的"权力越位"及其规制[J].学术交流,2010(9):76-78.

③ 胡辉华,段珍雁.论我国行业协会自律职能失效的根源[J].暨南学报(哲学社科版),2012(7):58-63.

考,将本地区的会员组织、广大球迷、媒体朋友、赞助商、各级足球俱乐部以及社会足球发展置于脑后。足协自律职能失效的深层根源是足协的非志愿性结社或称"结社失败",此时,必须以章程为准,一切按章办事。

各级各类足协是一种互益性组织,代表的是会员的利益。会员加入足协就是为了获得个体行动无法带来的利益,各级各类足协也必须满足会员的这种诉求,否则足协将丧失存在的合理性与合法性。突出强调足协功能的社会性、公共性,可能导致会员负担过重。

随着足协改革的推进,各级各类足协会员由行政管理走向协会治理,足协的自主性①问题成为焦点,然而,自主运作的足协如何保证内部会员之间、外部利益相关者之间达成合作。显然,以合同为基础的行业自律、彼此关切的利益均衡是关键所在。例如,在构建权威的足球联赛过程中,各级各类足协理当照顾到俱乐部、企业、媒体乃至球员和观众的利益诉求,并将其写入合同。当然,各级各类足协会员要树立服务意识,关注社会和市场的需求,立足服务本地区足球发展,为本地区的会员组织、广大球迷、各级足球俱乐部、社会足球提供优质服务,自觉接受会员大会和社会各方面的监督,不断增强足协的凝聚力和公信力,实现足协的社会功能和社会价值。

(三)横向关系层面的问题

中国足球协会改革面临着几组关系:足协与会员的关系;足协与政府的关系;足协与市场主体和社会组织的关系。那么,各级各类足协会员与地方政府、俱乐部、企业、媒体的关系遵循的原则是:"遵守承诺、获得信任。"

足协与会员的关系。足协是代表会员利益的俱乐部组织,是会员建立在契约基础上的自愿结社的互益性组织。足协会员之间的协议(章

---

① 陶传进.行业协会自主运作中的合作难题及其求解[J].北京行政学院学报,2005(2):60-64.

程)是组织成立的法律基础,权力来源是会员基于合同授权和遵守承诺而带来的信任。会员遵守协会章程本质上就是遵守自己的承诺,相应的,足协也应该遵守章程规定的各项内容以赢得会员的信任。当足协不能提供会员需要的各种服务,会员有权力退出足协,还可以依据自由结社的标准再次组成符合自己意愿的协会。然而,中国各级各类足球协会能做到吗?

足协与行政部门的关系。脱钩后,体育行政部门是各级各类足协的监督者和支持者,其致力于与足协一道成为足球治理的主体。政府部门对社会组织的赋权是我国转型期的特殊现象,真正的协会不存在"双重赋权①"的问题,各级各类足协面临的问题从政府赋权或者政府资助转变为如何获得会员信任的问题,即足协由行政合法性转变为社会合法性的问题。《关于推进地方足球协会调整改革的指导意见》指出,"地方足协改革的主要任务首先是理顺地方足协与体育行政部门的关系",以往足协与体育行政部门是"两块牌子,一套班子",脱钩后,足协是按照政社分开、权责明确、依法自治原则组建的社会团体,是按照社团法人机制运行的自律机构。因此,改革关键是理顺足协与行政部门的关系,体育行政部门在群众体育、竞技体育、体育产业、科研、宣传等方面加强对足协的业务指导和监督管理,在地方足协能力不及之处以政府购买的方式给予支持,地方政府需制定购买服务的清单和具体措施。

脱钩后,各级各类足协是否能够以独立的法人主体面对社会和会员,各级各类足协是否能够在激烈的市场竞争中面对市场主体和行政机关,各级各类足协会员的竞争经验、治理绩效、专业运作尚待考察。如何发挥组织优势,获得社会认可,是各级各类足协会员必须应对的问题。拓宽单项协会会员的入会范围,将行业内的利益相关者纳入会员体系,给予各级联赛俱乐部、运动员、教练员、裁判员等群体的会员资格,并保障其参与会

---

① 刘培峰.行业协会改革需要理顺的几组关系[J].经济社会体制比较,2009(6):143-147.

员大会形式代表权利,协会会员代表的广泛性是保障协会社会合法性的关键,同样也增强了协会会员的集体认同感①。各级各类足协会员积极适应市场规则,努力践行社会责任,强调协会品牌意识,推动足球文化建设,为会员和公众提供更加优质的足球公共服务,以此获得社会的认可。同时,各级各类足协会员要健全信息公开制度,加强信息披露,提升社会公信力和透明度,树立足协良好的公众形象,以此获得利益相关者的信任。

(四)优化横向责权利关系的一个范例

英超联赛世人皆知,而英超与英格兰足球总会(The Football Association,简称英足总)是两回事儿。

1863 年英格兰足球总会成立,1888 年英格兰职业足球联盟成立。事实上,早在 1870 年之前英国已经出现跨地区的足球联赛。现今,英格兰足球总会下属联赛多达 12 级,其中第 1 级是英超,之后依次是英格兰足球冠军联赛、英格兰足球甲级联赛、英格兰足球乙级联赛等。显然,英超的治理机制不同于英格兰职业足球联盟时代的治理机制,也不同于其他级别联赛的治理机制,英超是由超级联盟采用股份制有限公司(英超联盟有限公司)的方式具体运作。

英超选择了现代股份制公司治理机制,联盟最高管理机构为"英超委员会",与联赛有关的重大事宜由俱乐部投票决定,任何规则改变和商业合同都要得到 2/3 的俱乐部同意才能生效,但是,英格兰足球总会具有一票否决权;联盟资产所有权属于 20 家英超俱乐部,联盟资产经营权独立于英格兰足球总会,联盟收益按照合约规定分配;英超 20 家俱乐部都是上市公司,俱乐部产权关系清晰,实现了资本结构多元化;超级联盟制定了完善的准入机制(升降级制度)、决策机制、奖惩机制、监督机制,详细地规定俱乐部的责权利边界,其中最为关键的是赋予合作方在机会主

① 王志文,张瑞林. 全国性单项体育协会脱钩后内部治理的完善——基于中国足协的实证考察[J]. 天津体育学院学报,2020,35(2):195-201.

义行为发生的情况下保护自身利益的权利,由此构建了足球法人治理结构。此外,超级联盟还引入了社会监督和市场监督,通过外力提高联盟的管理水平,促进联盟的规范发展,确保了联赛高效平稳运行。

英格兰足球总会的重点工作是构建全英的 12 级联赛体制,将全英的社区足球俱乐部用权威联赛的方式统和起来,为英超以及其他级别的权威联赛提供教练员、裁判员,组织比赛,提供优质服务,进而获得生存之基。英足总不参与英超联赛的运行管理层面,更不会参与 20 家俱乐部的投资者和赞助商事宜,但是,当涉及国家队利益的时候,或者攸关球员劳工法等违背法律基本原则的时候,英足总具有一票否决权。

第三节　中国足球协会会员制度改革的对策建议

对策建议是本书的落脚点,然而,我们必须回到起点,即研究中国足球会员制度的问题与对策并不是就制度本身的,而是着眼于中国足球协会的问题与对策。因此,首先,我们应该明确改革的步骤;其次,在结构、功能、关系三个维度上,破解中国足球协会会员纵向层级和横向结构之间关系的难题;最终,本书提出的解决方案是"一项中心工作、两项基本制度、三项关键标准、四个重要抓手、五个协会会员",即以构建权威足球职业联赛为中心工作,以联席会议和足协自治为两项基本制度,以脱钩标准、不脱离标准、运行标准为三项关键标准,以结构、功能、关系、评价为四个重要抓手,打造五类协会会员协同共治的治理体系。

一、改革分两步走

以往,中国足球协会与足球管理中心"两块牌子,一套班子",中国足球协会实质上被体育行政部门俘获,变身为行政机构或者准行政部门,这是中国足球问题的根源。

2016 年,我们迈出了第一步——中国足球协会与足球管理中心脱钩,随即,广州市足协脱钩、四川省足协脱钩以及重庆市足协和湖北省足协脱钩,2017 年初广东省足球脱钩,截至 2017 年底,全国近四分之三的地区已经完成脱钩,尔后,脱钩改革似乎停止了。在这种背景下,可以说中国足球协会处于"后双重管理体制时代",即从行政管理与协会管理转变为协会自治的进程中,与此相应,中国足球协会会员的功能定位及相互关系也处于转变中,一切尚未定型。中国足球协会面临的主要问题是自身的组织能力难以适应新的机遇和挑战,政府主导的监管体制难以规范和促进中国足球协会发展。

未来,如果脱钩继续并全部完成,各级各类足协不再作为政府预算单位,在内部机构设置、财务薪酬、人事管理等方面拥有完全自主权。中国足球协会会员的功能定位及相互关系定型,中国足协、省级足协、市级足协、行业足协的结构清晰、功能明确、关系和谐,各级各类足协会员与地方政府、俱乐部、企业、媒体结构合理、功能互助、关系互补,中国足球在纵向、横向两个维度共同达成善治。

二、理顺纵向的结构关系

各级各类足协会员应对纵向的结构关系混乱问题,当务之急,是理顺中国足协、省级足协、市级足协、行业足协的纵向隶属关系和功能定位,甄别行业足协的特殊之处,进而构建新型的中国足协与省级足协、市级足协、行业足协的纵向关系。

(一)结构:积极脱钩、避免脱离

1. 积极脱钩

中国足球协会与省级足协、市级足协、行业足协应该积极与体育行政部门脱钩,即取消各级各类足协与体育行政部门的主办、主管及挂靠关系,完成机构、职能、资产财务、人员管理外事工作等方面的分离。

2. 避免脱离

中国足球协会脱钩后,各级各类足协会员尤其是足球基础较弱的省、市足协很难开展工作,需要地方体育行政部门"扶上马,送一程",即营造良好的政策环境,切实增强他们的生存能力和发展后劲。省级足协的管理结构和会员结构应该尽可能按照中国足球协会的结构安排进行设置,以便于引领地方足球工作,即使是没有职业足球俱乐部的省,仍然要按照中国足球协会的标准设置相应的部门,力争拥有一支"中甲""中乙"或者"女超""女甲"球队。

地方足协的首要是建立健全社团法人治理结构,完善协会会员大会、理事会(执委会)、专项委员会会议制度,规范决策程序,形成科学、民主、依法的决策机制,自觉接受监督。各级各类足协会员力争成为依法设立、自主办会、服务为本、治理规范、行为自律的社会组织,回归社会本位。

在没有中超俱乐部、足球基础薄弱的省级足协,联赛可以逐级递减,直至草根联赛,但结构不能缺失,以便于引领地方足球工作,否则无法应对"延边自治州"的情况。市级足协的主要工作应该是足球的普及与推广青少年足球、社会足球、足球文化等,重点抓好以整合行业足协为核心的民间足球赛事,构建权威的业余足球联赛体系。

在拥有职业足球俱乐部的城市,市级足协应该以职业足球俱乐部及其职业联赛为龙头,以此作为城市足协的核心结构、中心工作,进而,带动足球文化建设、足球后备队伍建设等方面工作。行业足协是中国足球协会会员的组成部分,当下中国足协应该大力扶植公共行业的足协会员,助其成长壮大。

(二) 功能:厘清边界、各尽其责

随着足球管理中心退出历史舞台,《中国足球协会章程》(2015)提出了脱钩后中国足球协会的十二项功能。与此对应,省级足协、市级足协的功能是在辖区内展开上述功能,但也有不同之处。

中国足球协会重在发展规划、制订标准、全面管理、监督处罚——全面负责足球项目管理,制订足球的方针政策、规划、计划和行业标准,形成覆盖全国的协会管理体系,管理各类全国性足球竞赛,构建足球技术发展的理论体系,组织管理各级国家队,监督各级各类足球比赛、处罚违反章程的行为。

省级足协的功能应该与中国足球协会保持一致,集中于辖区内部的治理。而市级足协的功能应该突出重点,发挥特色,毕竟不是每一个市级足协都要承担促进俱乐部健康稳定发展,推动足球产业升级的责任。在市级足协能力不足的方面,比如普及发展社会足球,不断扩大足球人口规模,构建青少年后备人才培养体系,服务校园足球运动以及推进足球文化建设等,以政府购买公共服务的形式加以解决。

行业足协的结构归属决定了功能单一,因此,行业足协的责任就是促进行业内部的足球发展,在这个意义上,中乙的火车头队和女超的解放军队,在职业化的同时应该注重回馈行业本身。

这里,我们应该坚持用尽社会功能、善用经济功能、终用政府功能的原则,各级各类足协会员能够处理的事务尽量自行解决,能力不及之处地方政府需"扶上马,送一程",避免足协脱钩后出现业务断档、资金断血、一脱就死的现象,而政府购买是比较理想的方式。

(三)关系:业务指导、监督管理

"中国足协—省级足协—市级足协"之间的关系是一种纵向的隶属关系的业务指导、监督管理;"各级足协—行业足协"之间是一种扶植、指导、管理、监督的关系。在此基础上,依靠完备的制度构建平等、协商、合作的中国足协、省级足协、市级足协、行业足协之间的结构关系。

中国足球协会负责全国性的足球发展规划、制订标准、全面管理、监督处罚,在体制机制、结构设置、组织管理、足球赛事等方面承担着业务指导的职责,在青少年足球、社会足球、足球联赛等方面承担着监督管理的职责。当然,诸如校园足球,其本身已经划归教育部但中国足球协会可以承担业务指导和提供服务的责任。

省级足协与市级足协同步改革,强调省级足协与市级足协的隶属关系,在省、市两级层面构建足球发展的多部门联席会议制度,协调解决问题。广东省足协脱钩给出了另一种策略——原广东省体育局副局长任足协主席,试图依靠个人的影响力来应对足协失去行政依傍导致的危机,理顺足协与行政部门的关系。我们认为这也许会取得成功,甚至将成为新足协组建的一种范式。

行业足协结构的错位、功能的单一,决定了其与他者关系的混乱,也导致了其与他者无法有效衔接。当下,只有修改中国足球协会会员准入标准才可能解决这一问题。

三、厘清横向的责权利关系

中国足球协会脱钩后,各级各类足协会员的重点工作已经从组织管理职业联赛转移到构建权威的业余足球联赛体制,中国足球协会从结构、功能、关系上要与地方政府、俱乐部、企业、媒体重新划分责权利边界,实质是足球治理主体之间的利益重构与关系重建,抓手是构建职业足球法人治理结构、构建权威的业余足球联赛体制。

(一)结构:独立运作、利益均衡

独立运作是各级各类足协会员与地方政府、俱乐部、企业、媒体在结构安排上遵循的原则。中国足球协会完善以《中国足球协会章程》为核心的法人治理结构,引导各级各类足协会员科学合理地设置办事机构、分支机构、代表机构,构建权威的业余足球联赛,成为自主办会、服务为本、治理规范、行为自律的社会主体,依法独立运作。

利益均衡是各级各类足协会员与地方政府、俱乐部、企业、媒体进行结构调整的目的,也是中国足球善治的基石。利益均衡本质上是理顺政府、市场、社会三者之间的关系。脱钩后,各级各类足协会员是公益性质的社会组织,属于自律机构,是足球领域的管理者,必须创新协会组织结构和管理模式,明确定位和职能,用好政府的有形之手,放活市场的无形之手,完善社会的自治之手,强调市场在资源配置中的决定性作用,激发一切要素的活力。

利益均衡需要协调各方,关键是一个能够协调各方的机构。在当下的转型期,国务院足球改革发展部际联席会议承担这一任务,对足球改革发展工作进行宏观指导,统筹推进《总体方案》实施,督促检查足球改革发展重点任务完成情况,协调解决足球改革发展工作中的重大事项和重大问题。在未来的运行期间,各级各类足协会员理应担此重任,建立健全现代社团法人治理机制和运行机制,研究制订各级各类足协会员的收益分配机制和利益补偿机制,促进和引导各级各类协会会员自主运行、优化发展,要协调各方,以达利益均衡,形成足球改革发展依靠会员,改革发展成果由会员共享的良好局面。

(二) 功能:按章办事、合同为基

按章办事,厘清职责。《中国足球协会章程》是各级各类足协会员内部管理和开展活动的根本准则,按章办事、完善内部治理机制是各级各类足协会员安身立命之本。各级各类足协会员要构建以《中国足球协会章程》为核心的社团法人治理结构,打破固有的行政思维,克服"等、靠、要"思想,转变工作思路,树立章程意识,落实民主选举、民主决策和民主管理制度,形成科学、民主和依法的决策机制,建立健全内部监督约束机制,构建决策权、执行权和监督权相互制约相互协调的运行机制,从而,明晰足协、政府以及其他利益相关者的职能边界,完善足协治理机制。

合同为基,彼此关切。各级各类足协与行政部门之间存在"公共地带",这些"公共地带"往往是各级各类足协无力担当或者不愿担当的"公共性",行政部门要以政府购买公共服务的形式给予支持,并将购买内容写入合同,以约束双方的行为。各级各类足协会员首先要强调会员利益、依法自主运作,兼顾俱乐部、企业、媒体乃至球员和观众的利益诉求,并且,将其写入合同,确保内部会员之间、外部利益相关者之间达成合作,形成基于合同的行业自律、彼此关切的利益均衡。

(三)关系:遵守承诺、获得信任

在治理语境中,各级各类足协会员与地方政府、俱乐部、企业、媒体的关系,即地位平等、利益互惠、文化相融是基础,彼此信任、协商合作是原则,构建伙伴关系、确立共同目标是方式。

中国足球协会以及各级各类足协会员是代表会员利益的社会团体,是会员建立在契约基础上的自愿结社的互益性组织。各级各类足协会员之间的协议是组织成立的法律基础,权力来源是会员基于合同授权和遵守承诺而带来的信任。各级各类协会会员遵守《中国足球协会章程》,本质上就是遵守自己的承诺,中国足球协会也应该遵守章程规定的各项内容以赢得会员的信任。

体育行政部门是各级各类足协会员的监督者和支持者,其致力于与各级各类足协会员一道成为足球治理的主体,曾经的具有官方背景的中国足球协会及其会员面临的问题不是政府赋权或者政府资助,而是如何获得会员信任的问题,即中国足球协会及其会员由行政合法性转变为社会合法性的问题。体育行政部门减少微观事务的管理,把职能转变到宏观调控、市场监管、公共服务上来,凡是各级各类足协会员接得住、管得好的事项都应该逐步还给协会。

四、具体解决方案

为破解中国足球会员制度存在的纵向层级关系和横向结构关系的难题,本书提出的解决方案是:"一项中心工作、两项基本制度、三项关键标准,四个重要抓手、五类协会会员",即以构建权威的足球联赛体系为中心工作;坚持联席会议和足协自治两项基本制度;强调脱钩、不脱离、规范运行三项关键标准,以结构、功能、关系、评价为四个重要抓手,各级足球协会会员的架构必须包括五类人员:足球协会、官方代表、社会名流、职业俱乐部代表、行业和草根代表。

(一)一项中心工作

重构权威的中国足球联赛体系,完善职业、业余、高校融会贯通的赛事体制,整合足球利益相关者,确保地方足协会员拥有自己的权威联赛。例如,江苏省足协曾经有中超的江苏苏宁、中乙的南通支云、苏州东吴、盐城大丰,女超的江苏华泰,以及众多的草根足球俱乐部,在此基础上,完全可以形成自己的联赛体系。

脱钩后,各级各类足协会员怎么生存?我们给出的答案是:用权威的联赛统领足球发展!用优质服务换取社会资金!我们确实已经有了中超、中甲、中乙以及女超、女甲联赛,但那是职业足球联赛体系。何谓"权威",即以权威联赛统领行业联赛、打通行业壁垒,囊括草根联赛、理顺联赛层级,用权威联赛提供社会服务、提升服务质量。各级各类足协会员的工作是统筹安排比赛日程与赛季衔接,统一管理裁判员、教练员的认证、培训等,以此解决地方足协的生存问题。

脱钩后,各级各类足协会员的工作怎么开展?我们给出的答案是整合全社会的资源为足球发展服务。北京市有 1000 多个足球俱乐部,每年举办 2 万场比赛,可是比赛都隶属于各个行业,地方足协无法插手。因此,足协要建立统领全行业的权威联赛,为行业足球联赛提供服务并指导监督其发展,进而,将足球爱好者凝聚到各级联赛的俱乐部中,发挥社会团体的公益性优势,真正整合并调动全社会的资源为足球事业服务。

(二)两项基本制度

两项基本制度:一是以部际联席会议为基础的外部协调制度;二是以足协章程为基础的内部治理制度。

1. 推广联席会议

如何推进落实中国足球协会改革方案?中国足球协会采用了部际联

席会议制度,上海市组建了足球联席会议办公室,重庆市、江苏省都在积极筹建中,他们的目的是协调各方、共同推进改革。显然,各级各类足协会员脱钩后,失去了行政依傍,他们开展各项工作尤其是大型足球比赛的难度可想而知,各级地方政府按照"扶上马,送一程"的原则,积极推动组建部际联席会议制度,把中国足球协会改革政策落地。

2. 细化足协章程

将各级各类足协会员的功能定位在章程中细化,明确层级关系和层际责权;优化治理结构,将中超、中甲、中乙以及业余联赛统一构建、区别治理;修改会员准入规则,以解决行业足协与职业联赛结构混乱的问题;完善监督机制,指定监督主体,强化实施机制,落实处罚条例;各级各类足协会员依据《中国足球协会章程》制定本辖区内足协章程,突出特色,强调重点,明确"交叉地带"的责任主体及相互关系。

(三) 三项关键标准

三项关键标准:脱钩标准、不脱离标准、运行标准。

各级各类足协会员的脱钩标准:三拥有、三独立、三规范。有正式文件、有联席制度、有办公地点;独立的人事管理权、独立的财务和薪酬管理权、独立的国际专业交流权;规范的内部机构、规范的工作计划、规范的会员准入。此处,着重强调城市足协达到什么标准能够成为中国足球协会会员。首先,城市足协加入中国足球协会应该参照省级足协的标准,即协会至少应是经批准建立的社会团体法人,有相应的物质条件、专职工作人员和必要的机构设置。其次,应该具有职业足球俱乐部,比如拥有中超杭州绿城的杭州市足协,拥有中甲大连阿尔滨、大连超越的大连市足协,拥有中甲青岛中能、青岛黄海的青岛市足协。

各级各类足协会员不脱离标准:党的领导不脱离、业务指导与监管不脱离、财政支持不脱离。脱钩后,按照党管干部的原则,地方足协成立党委,归各级体育局党组领导,各地方足协主席由党组推荐;各级体育局不再具体参与足球业务工作,各级体育局对足协工作给予必要的业务指导与监督管理;各地足球运动管理中心注销后,地方足协承担地方体育局在足球领域的管理责任,以前的财政直接拨款转变为现在的体育局向地方足协购买服务,在明晰产权归属的基础上,相关国有资产可无偿提供给地方足协使用。

各级各类足协会员运行标准:人权、事权、财权。人权,地方足协具有用人自主权,自行确定机构设置、岗位设置、薪酬管理、绩效考核和用人制度方案。事权,修订地方足协章程,团结地方足球力量,推广地方足球运动,制订会员准入标准,完善地方联赛体系,培养地方足球人才,制定外事活动规范,健全内部管理机制。财权,各级各类足协会员执行民间非营利组织会计制度、单独建账、独立核算;改革完善足协财务资产管理制度,实行财务公开,财务报告、财务预算须向协会会员大会报告、接受审议,由独立的审计机构负责对协会定期进行财务审计,审计结果接受会员大会及社会监督。

(四)四个重要抓手

四个重要抓手:结构、功能、关系、评价。

第一,优化治理结构。健全以《中国足球协会章程》为核心的法人治理结构,科学合理地设置办事机构、分支机构、代表机构,真正成为自主办会、服务为本、治理规范、行为自律的社会主体,依法独立运作;完善会员结构,制订会员准入标准,明确会员权利义务,支持行业足协发展,建立和完善联赛、女子、草根、五人制等足球组织以及科研、法律等相关机构,逐步吸纳各方代表成为足协会员;优化执委会结构,地方足协领导机构应当由体育行政部门代表、行业足协代表、职业联赛组织代表、知名足球专业人士、社会人士和专家代表等组成;健全足协内部治理结构,加强秘书处专职制、会员代表大会制和会长择优机制;健全专项委员会,设立专门处理各级各类足协纵向、横向关系问题的特设委员会或专项委员会,或者将其列为秘书处的一项重要职责,将足协仲裁机构从内设机构转变为独立的外部机构。

第二,明确功能定位。中国足球协会构建覆盖全国的权威足球联赛体系,重在发展规划、制订标准、全面管理、监督处罚;省级足协的功能应该与中国足协保持一致,着重构建本地区的权威足球联赛体系;市级足协的功能应该立足普及、突出重点,发挥特色;行业足协的职责是促进行业内部的足球发展,没有职业化的应立足行业系统,已经职业化的应注重回馈行业本身。各级各类足协会员应该坚持用尽社会功能、善用经济功能、终用政府功能的原则,各级各类足协会员能够处理的事务尽量自行解决,能力不及之处地方政府需"扶上马,送一程"。在推进"政府购买"的过程中,强调合同的基础性作用,强调足协的行业自律。

第三,打造新型关系。中国足协、省级足协、市级足协、行业足协之间关系是隶属下的合作,合作的基础是目标一致、利益互惠、文化相融;各级足协会员与地方政府、俱乐部、企业、媒体之间关系是平等下的互助,互助的原则是彼此关切、协商合作,方式是确立共同目标、构建伙伴关系。在推进中国足球会员制度改革进程中,必须依靠完备的《中国足球协会章程》框定各级各类足协会员的责权利边界,重塑各级各类足协会员之间的关系,新的足协会员切忌"权力越位"——过度代表会员利益、侵犯合作者的利益。

第四,重构评价体系。将各级各类足协会员的纵向层级结构关系、足协横向责权利关系纳入足协评价体系之中,引导、规范各级各类足协会员及其利益相关者的行为;将各级各类足协会员信息公开制度纳入评价体系,加强信息披露,提升社会公信力和透明度,树立足协良好的公众形象,以此获得利益相关者的信任;将各级各类足协会员服务意识纳入评价体系,足协关注社会和市场的需求,立足于为本地区的会员组织、球迷、媒体、赞助商、各级足球俱乐部提供优质服务。

(五) 五类协会会员

五类协会会员——足球协会、官方代表、社会名流、职业俱乐部代表、行业和草根代表。

我们给出的比例大体是：2：1：3：2：2，即足球协会代表占20%，包括足协主席、秘书长等重要职位；官方代表占10%，享有"一票否决"权；社会名流占30%，由媒体、法律、足球等专业技术人士组成；职业俱乐部代表与行业和足球爱好者代表各占20%，还需考虑俱乐部代表的区域性。

足球协会是各级各类足协会员的基本架构，是各级各类足协会员开展工作的主体，所以各级足协的主席、秘书长、关键执委应该全体会员民主选举产生。官方代表是各级各类足协会员的党委，是体育行政部门在各级各类足协会员的代表，承担着业务指导与监督管理的责任，在重大事项上享有"一票否决"权。社会名流是各级各类足协会员的重要组成部分，可以是知名足球专业人士、媒体人士、法律界人士、裁判代表、仲裁代表等，他们的作用是监督、支撑、宣传足协的工作。职业俱乐部代表可以是中超、中甲、中乙或者女超女甲等，当然，最好是中超的代表，我们倡议中超代表进入执委会，并且，中超的运作应该明显区别于中国足球协会及其会员的联赛。行业和足球爱好者代表是各级各类足协会员展开工作的基础，必须予以高度重视，应该在执委会中拥有一席。当然，五类会员中肯定存在一些没有涵盖的主体，我们提出"靠近原则"，比如"资方"，可以是职业俱乐部代表，也可以是行业俱乐部代表或者是草根俱乐部的代表。

中国足球协会改革和中国足球会员制度完善的各项工作必须纳入法治化轨道。一是以"规划""纲要"的形式强调一项中心工作，即重构权威的足球联赛体系；二是以"立法"的形式明确两项基本制度，即推进改革的部际联席会议制度、内部治理的足协章程制度；三是以"条例"的形式明确三项关键标准，即脱钩标准、不脱离标准、运行标准；四是以"办法""意见"的形式强化四个重要抓手，即优化治理结构、明确功能定位、打造新型关系、重构评价体系；五是以"章程"的形式完善五类协会会员：足球协会、官方代表、社会名流、职业俱乐部代表、行业和足球爱好者代表。

参 考 文 献

中文

[1] 易剑东,施秋波.论完善中国足球法人治理结构的关键问题——写在《中国足球改革总体方案》颁布一周年[J].体育学刊,2016,23(3):1-8.

[2] 易剑东,郑志强.公共治理理论视域下中国职业足球的危机及其应对[J].北京体育大学学报,2011,34(12):1-4.

[3] 韦志明.论体育行业自治与法治的反思性合作——以中国足球协会为中心[J].体育科学,2016,36(4):90-96.

[4] 梁伟,梁柱平,张珺.中国足球协会"双向代理人"角色定位及其对职业联赛的治理研究[J].天津体育学院学报,2014,29(6):484-488.

[5] 梁伟.基于资本权力错配与重置的中国足球超级联赛股权管办分离研究[J].体育科学,2013,33(1):17-22.

[6] 梁伟.中国足球职业联赛"政府产权"的界定及其边界约束研究——基于产权由物权关系向行为权利关系演化的理论视角[J].体育科学,2015,35(7):10-18.

[7] 朱进.外部性与政府干预行为[J].长江论坛,2003(2):43-46.

[8] 钱静.中国足球协会内部纠纷解决机制的完善——以体育自治为基础的考量[J].体育与科学,2014,35(3):44-49.

［9］郭树理.体育组织内部纪律处罚与纠纷处理机制的完善——以中国足球协会为例［J］.法治论丛,2003,(3):31-36.

［10］何志林,周驰.中国足球协会会员协会裁委会评估方案研究［J］.上海体育学院学报,2004,28(5):57-62.

［11］张春良.体育协会内部治理的法治度评估——以中国足协争端解决机制为样本的实证考察［J］.体育科学,2015,35(7):18-27.

［12］曹继红,孟亚南.新中国行业体育协会的历史变迁［J］.体育学刊,2008,15(5):37-42.

［13］马志和,顾晨光,高学民.中国足球协会管理体制的制度创新［J］.武汉体育学院学报,2006,40(10):6-11.

［14］严红,刘家库.我国体育协会章程与体育纠纷解决方式的研究——以足球协会章程研究为中心［J］.河北法学,2006,24(3):147-152.

［15］刘培峰.行业协会改革需要理顺的几组关系［J］.经济社会体制比较,2009(6):143-147.

［16］周莹.行业协会的"权力越位"及其规制［J］.学术交流,2010(9):76-78.

［17］甫玉龙,史晓葳.完善行业协会内部治理结构的探讨［J］.中国行政管理,2009(7):70-72.

［18］胡辉华,段珍雁.论我国行业协会自律职能失效的根源［J］.暨南学报(哲学社科版),2012(7):58-63.

［19］陶传进.行业协会自主运作中的合作难题及其求解［J］.北京行政学院学报,2005(2):60-64.

［20］郁建兴,等.后双重管理体制时代的行业协会商会发展［J］.浙江社会科学,2012(7):53-61+77+156-167.

［21］叶林,陈昀轩,樊玉瑶.中国体育管理体制改革的困境与出路——基于足球改革的调查［J］.中国行政管理,2019(9):50-55.

［22］王志文,张瑞林.全国性单项体育协会脱钩后内部治理的完

善——基于中国足协的实证考察[J].天津体育学院学报,2020,35(2):195-201.

外文

[1] Aguilera, R. V. , & Cuervo Cazurra, A. (2004). Codes of governance worldwide: what are the triggers?. *Organization Studies*, 25 (3):415-443.

[2] Albert, S. , & Whetten, D. (1985). Organizational identity. In: Cummings, L, Staw, B (eds) *Research in Organizational Behavior: An Annual Series of Analytical Essays and Critical Reviews*. Greenwich, CT: JAI, 263 -295.

[3] Almond, G. A. , & Verba, S. (1963). *The civic culture: political attitudes and democracy in five nations*. Princeton, NJ: Princeton University Press.

[4] Amis, J. , Slack, T. & Berrett, T. (1995). The structural antecedents of conflict in voluntary sport organizations. *Leisure Studies*, 14(1):1-16.

[5] Anheier, H. K. (2014). *Nonprofit organizations: Theory, management, policy* (2nd ed.). London, England: Routledge.

[6] Barros, C. & Lucas, J. (2001). Sports managers and subsidies. *European Sport Management Quarterly*, 1(2):112-123.

[7] Beamish, R. (1985). Sport executives and voluntary associations: A review of the literature and introduction to some theoretical issues. *Sociology of Sport Journal*, (2):218-232.

[8] Bernoux, P. (1985). *La sociologie des organisations*, Paris: Éditions du Seuil.

[9] Blais, A. , Gidengel, E. , & Nevitte, N. (2004). Where does

turnout decline come from? *European Journal of Political Research*, 43(2): 221–236.

[10] Bond, M. (2007). *Workplace Chemistry: Promoting Diversity through Organizational Change*. Lebanon, NH: University Press of New England.

[11] Breuer, C., Hoekman, R., Nagel, S., & van der Werff, H. (2015). *Sport clubs in Europe. A cross–national comparative perspective*. Springer.

[12] Breuer, C., & Feiler, S. (2015). *Sport development report* 2013/ 2014: *Analysis of the situation of sports clubs in Germany (abbreviated version)*. Cologne, Germany: Sportverlag Strauß.

[13] Breuer, C., Wicker, P., & Swierzy, P. (2016). *Angemessene Mitgliedschaftsbeiträge in den Fußball: Und Leichtathletikvereinen des WFLV*. Cologne, Germany: Deutsche Sporthochschule Köln.

[14] Breuer, C., & Feiler, S. (2019). Sportvereine in Deutschland: *Organisationen und personen. Sportentwicklungsbericht für Deutschland* 2017/ 2018, *teil* 1. Bonn, Germany: Bundesinstitut für Sportwissenschaft.

[15] Buchanan, J. M. (1965). An economic theory of clubs. *Economical*, 32(125):1–14.

[16] Coates, D., & Wicker, P. (2017). Financial management. In R. Hoye & M. M. Parent (Eds.), *The SAGE handbook of sport management* (pp. 117–137). London, England: Sage.

[17] Coffé, H. C., & Bolzendahl, C. (2010). Same game, different rules? Gender differences in political participation. Sex Roles. *A Journal of Research*, 62(5–6):318–333.

[18] Connolly, J., & P. Dolan. (2012). "Sport, Media and the Gaelic Athletic Association: The Quest for the ´Youth´ of Ireland." *Media Culture & Society*, 34(4):407–423.

［19］Cornes, R. , & Sandler, T. (1986). *The theory of externalities, public goods, and club goods.* Cambridge, UK: Cambridge University Press.

［20］Cox, T. (1993) *Cultural Diversity in Organizations: Theory, Research, and Practice.* San Francisco: Berrett−Koehler.

［21］Cox, T. H. , & Blake, S. (1991). Managing cultural diversity: Implications for organizational competitiveness. *Academy of Management Executive*, 5(3):45−56.

［22］Crosset, T. , & Beal, B. (1997). The use of "subculture" and "subworld" in ethnographic works on sport: A discussion of definitional distinctions. *Sociology of Sport Journal*, (14):73−85.

［23］Cuskelly, G. , Hoye, R. & Auld, C. (2006). *Working with volunteers in sport: Theory and practice*, London: Routledge.

［24］Cuskelly, G. , Taylor, T. , Hoye, R. & Darcy, S. (2007). Volunteer management practices and volunteer retention: A human resource management approach. *Sport Management Review*, (9):141−163.

［25］De Barros, C. , Barros, C. & Correia, A. (2007). Governance in sports clubs: Evidence for the Island of Madeira. *European Sport Management Quarterly*, 7(2):123−139.

［26］Dean, J. (1995). Reflexive solidarity. *Constellation*, 2(1): 114−140.

［27］Dekker, P. (2014). Tocqueville did not write about soccer clubs: Participation in voluntary associations and political involvement. In M. Freise & T. Hallmann (Eds.), *Modernizing democracy? Associations and associating in the 21st century* (pp. 45−58). New York: Springer.

［28］Della Vigna, S. , & Malmendier, U. M. (2006). Paying not to go to the gym, *American Economic Review*, 96(3):694−719.

［29］Denters, B. , Goldsmith, M. , Ladner, A. , Mouritzen, P. E. , & Rose, L. (2014). *Size and local democracy*. Cheltenham: Edward Elgar

Publishing.

[30] Dobbin, F. , Kim, S. , & Kalev, A. (2011). You can't always get what you need: Organizational determinants of diversity programs. *American Sociological Review*, 76(3):386-411.

[31] DOSB. (2018). *Bestandserhebung* 2018. Frankfurt, Germany: Deutscher Olympischer Sportbund.

[32] DSSV. (2018). *Eckdaten der deutschen Fitness-Wirtschaft* 2018. Hamburg, Germany: Arbeitgeberverband Deutscher Fitness und Gesundheits Anlagen.

[33] Dunning, E. , & K. Sheard. (1979). *Barbarians, Gentlemen & Players: A Sociological Study of the Development of Rugby Football*. Canberra: Australian National University Press.

[34] Dépelteau, F. (2008). "Relational Thinking: A Critique of Co-deterministic Theories of Structure and Agency." *Sociological Theory*, 26 (1):51-73.

[35] Eisinger, P. K. (1973). The conditions of protest behaviour in American cities. *The American Political Science Review*, 67(1):11-28.

[36] Elmose-Østerlund, K. , & van der Roest, J. W. (2017). Understanding social capital in sports clubs: Participation, duration and social trust. *European Journal for Sport and Society*, 14(4):366-386.

[37] Emrich, E. , Pitsch, W. , & Papathanassiou, V. (2001). *Die sportvereine: Ein versuch auf empirischer grundlage*. Schorndorf, Germany: Hofmann.

[38] Enjolras, B. , & Seippel, Ø. (2001). *Norske idrettslag* 2000. *Struktur, økonomi og frivillige innsats* [*Norwegian sports clubs* 2000. *Structure, economy and voluntary action*]. Oslo: Institute for Social Research, report.

[39] Fahlén, J. , Stenling, C. , & Vestin, L. (2008). Money talks: A

qualitative analysis of the organizational change connected with the corporation formation of a voluntary sports club. *Sport und Gesellschaft*: *Sport and Society*, 5(2):153–177.

[40] Fahlén, J. (2017). The trust–mistrust dynamic in the public governance of sport: Exploring the legitimacy of performance measurement systems through end-users' perceptions. *International Journal of Sport Policy and Politics*, 9(4):707–722.

[41] Feiler, S., Wicker, P., & Breuer, C. (2018). Public subsidies for sports clubs in Germany: Funding regulations vs. empirical evidence. *European Sport Management Quarterly*.

[42] Feldberg, R. L., & Glenn, E. N. (1983). Incipient workplace democracy among United States clerical workers. *Economic and Industrial Democracy*, 4(1):47–67.

[43] Ferkins, K., Shilbury, D., & McDonald, G. (2005). The role of the board in building strategic capability: Towards an integrated model of sport governance. *Research Sport Management Review*, (8):195–225.

[44] Fischer, D., & Tschurer, G. M. (2011). *Kostenrechnung und beitragsgestaltung im sportverein*. Duisburg, Germany: Landessportbund Nordrhein-Westfalen.

[45] Frege, C. M., Kelly, J (eds). (2004). *Varieties of Unionism*: *Strategies for Union Revitalization in a Globalizing Economy*. Oxford: Oxford University Press.

[46] Freise, M., & Hallmann, T. (Eds.). (2014). *Modernizing democracy? Associations and associating in the 21st century*. New York: Springer.

[47] GAA. (1914). *Gaelic Athletic Association. Official Guide* 1914–1915. Dublin: GAA.

[48] GAA. (1986). *An Chomhdháil Bhliantúil*. Dublin: GAA.

[49] Garnham, N. (2004). *Association Football and Society in Pre-partition Ireland. Belfast: Ulster Historical Foundation*, 135-136.

[50] Garvin, T. (1986). "Priests and Patriots: Irish Separatism and Fear of the Modern, 1890 - 1914." *Irish Historical Studies*, 25 (97): 67-81.

[51] Gahan, P., & Pekarek, A. (2013). Social movement theory, collective action frames and union theory: a critique and extension. *British Journal of Industrial Relations*, 51(4):754-776.

[52] Garner, J., & Garner, L. (2011). Volunteering an opinion: Organizational voice and volunteer retention in nonprofit organizations. *Nonprofit and Voluntary Sector Quarterly*, 40(5):813-828.

[53] Gerring, J., & Zarecki, D. (2011). *Size and democracy, revisited.* Boston: Paper, Boston University.

[54] Gilbert, J. A., & Ivancevich, J. M. (2000). Valuing diversity: A tale of two organizations. *Academy of Management Perspective*, 14(1):93-105.

[55] Gonzalez, J. (2010). Diversity change in organizations: A systemic, multilevel, and nonlinear process. *Journal of Applied Behavioral Science*, 46(2):197-219.

[56] Goerres, A. (2007). Why are older people more likely to vote? The impact of ageing on electoral turnout in Europe. *The British Journal of Politics and International Relations*, 9(1):90-121.

[57] Gratton, C., & Taylor, P. (2000). *Economics of sport and recreation.* London, England: E & FN Spon.

[58] Gray, B., & Wood, D. (1991). Collaborative alliances: Moving from practice to theory. *Journal of Applied Behavioral Science*, 27(1):3-21.

[59] Gray, B., Stensaker, I., & Jansen, K. (2012). Qualitative challenges for complexifying organizational change research: Context, voice,

and time. *The Journal of Applied Behavioral Science*, 48(2):121-134.

[60] Greenwood, R., Suddaby, R., & Hinings, C. (2002). Theorizing change: The role of professional associations in the transformation of institutionalized fields. *Academy of Management Journal*, 45(1):58-80.

[61] Gundelach, P. (1988). *Sociale bevægelser og samfundsændringer* [*Social movements and social change*]. Aarhus: Politica.

[62] Gundelach, P., & Torpe, L. (1997). Social reflexivity, democracy, and new types of citizen involvement in Denmark. In J. W. van Deth (Ed.), *Private groups and public life. Social participation, Voluntary associations, and political involvement in representative democracies*. London: Routledge.

[63] Hallmann, K., Feiler, S., & Breuer, C. (2015). Design and delivery of sport for all programmers: Should it be market, non-profit, or state - run? *International Journal of Sport Policy and Politics*, 7 (4): 565-585.

[64] Hansen, J. (2018). *Folkelig Sundhed og foreningsservice? Et debatskrift om DGI gennem 25 år* [*Public health and association services?*]. DGI. Dgi. dk.

[65] Hansmann, H. (1980). The role of nonprofit enterprise. *The Yale Law Journal*, 89(5):835-902.

[66] Hargreaves, J. (2000). *Heroines of Sport: The Politics of Difference and Identity*. London and New York: Routledge.

[67] Harris, S., Mori, K., & Collins, M. (2009). Great expectations: Voluntary sports clubs and their role in delivering national policy for English sport. *Voluntas: International Journal of Voluntary and Nonprofit Organizations*, 20(4):405-423.

[68] Hay, C. (1997). Divided by a common language: Political theory and the concept of power. *Politics*, 17(1):45-52.

[69] Heinemann, K. (1995). *Einführung in die Ökonomie des sports.* Schorndorf, Germany: Hofmann.

[70] Heinemann, K. (2005). Sport and the welfare state in Europe. *European Journal of Sport Science*, 5(4):181–188.

[71] Herring, C. (2009). Does diversity pay? Race, gender and the business case for diversity. *American Sociological Review*, 74(2):208–224.

[72] Hoeber, L. (2007). 'It's somewhere on the list but maybe it's one of the bottom ones': Examining gender equity as an organisational value in a sport organisation. *International Journal of Sport Management and Marketing*, 2(4):362–378.

[73] Horch, H. D. (1982). *Strukturbesonderheiten freiwilliger Vereinigungen. Analyse und Untersuchung einer alternativen Form menschlichen Zusammenarbeitens* [*Structural features of voluntary associations. Analysis and study of an alternative form of human cooperation*]. Campus Verlag: New York.

[74] Horch, H. D. (1992). *Geld, macht und engagement in freiwilligen vereinigungen: Grundlage einer Wirtschaftssoziologie von non – profit – organisationen.* Berlin, Germany: Duncker & Humblot.

[75] Horch, H. D. (1994). On the socio-economics of voluntary associations. *Volutes: International Journal of Voluntary and Nonprofit Organizations*, 5(2):219–230.

[76] Hoskins, B. L., & Mascherini, M. (2009). Measuring active citizenship through the development of a composite indicator. *Social Indicators Research*, 90:459–488.

[77] Hoye, R., & Cuskelly, G. (2003a). Board - executive relationships within voluntary sport organisations. *Sport Management Review*, 6:53–74.

[78] Hoye, R., & Cuskelly, G. (2003b). Board power and perform-

ance within voluntary sport organisations. *European Sport Management Quarterly*, 3(2):103–119.

[79] Hoye, R. (2007). Commitment, involvement and performance of voluntary sport organisation board members. *European Sport Management Quarterly*, 7(1):109–121.

[80] Huth, C. , & Kurscheidt, M. (2019). Membership versus green fee pricing for golf courses: The impact of market and golf club determinants. *European Sport Management Quarterly*, 19(3):331–352.

[81] Hunt, T. (2009). "The GAA: Social Structure and Associated Clubs. " *In The Gaelic Athletic Association* 1884–2009, edited by M. Cronin, W. Murphy, and P. Rouse, 183–202. Dublin: Irish Academic Press.

[82] Ibsen, B. (1992). *Frivilligt arbejde i idrætsforeninger* [*Voluntary work in sports clubs*]. Copenhagen: DHL/Systime.

[83] Ibsen, B. , & Levinsen, K. (2016). *Unge, foreninger og demokrati* [*Youth, associations and democracy*]. Movements. Department of Sports Science and Clinical Biomechanics, University of Southern Denmark (p. 03).

[84] Ibsen, B. , & Seippel, Ø. (2010). Voluntary organized sport in Denmark and Norway. *Sport in Society*, 13(4):593–608.

[85] Østerlund, K. , & Seippel, Ø. (2013). Does membership in civil society organizations foster social integration? The case of Danish voluntary sport organizations. *Journal of Civil Society*, 9:1–23.

[86] Østerlund, K. (2014). *Foreningsidrættens sociale kvaliteter. En social kapital inspireret undersøgelse af danske idrætsforeninger og deres medlemmer* [*Social qualities of sports clubs. A social capital inspired study of Danish sports clubs and their members*]. Ph. D. dissertation, University of Southern Denmark.

[87] Janssens, M. , & Zanoni, P. (2005). Many diversities for many services: Theorizing diversity (management) in service companies. *Human*

Relations, 58(3):311-340.

[88] Jarzabkowski, P., Le, J. K., & Van de Ven, A. (2013), Responding to competing strategic demands: How organizing, belonging, and performing paradoxes convolve. *Strategic Organization*, 11(3):245-280.

[89] Jayne, M., & Dipboye, R. (2004). Leveraging diversity to improve business performance: Research findings and recommendations for organizations. *Human Resource Management*, 43(4):409-424.

[90] Joshua Kjerulf Dubrow. (2012). Hoop inequalities: Race, class and family structure background and the odds of playing in the National Basketball Association. *International Review for the Sociology of Sport*, 47(1):43 -59.

[91] John Connolly. (2016). Elias and habitus: explaining bureaucratisation processes in the Gaelic Athletic Association. *Culture and Organization*, 22(5):452-475.

[92] Jorge Soares, Abel Correia , & Antonio Rosado. (2010). Political Factors in the Decision-making Process in Voluntary Sports Associations. *European Sport Management Quarterly*, 10(1):5-29.

[93] Kalev, A., Dobbin, F., & Kelly, E. (2006). Best practices or best guesses? Assessing the efficacy of corporate affirmative action and diversity policies. *American Sociological Review*, 71(4):589-617.

[94] Karsten Elmose-Osterlund, Svenja Feiler, & Christoph Breuer, et al. (2019). Democratic Participation in Voluntary Associations: A Multilevel Analysis of Sports Clubs in Europe. *International Journal of Voluntary and Nonprofit Organizations*, 30(5):1148-1163.

[95] Kelly, J. (2015). Trade union membership and power in comparative perspective. *The economic and lab our relations review*, 26 (4): 526-544.

[96] Kiefer, S. (2015). Are riding club members willing to pay or

work for overall quality improvement? *Managing Sport and Leisure*, 20(2):
100-116.

[97] Kikulis, L. M. (2000). Continuity and change in governance and decision making in national sport organisations: institutional explanations. *Journal of Sport Management*, 14(4):293-320.

[98] Kirbis, A. (2013). Determinants of political participation in Western Europe, East-Central Europe and the post-Yogoslav countries. In S. Flere, M. Lavric, R. Klanjsek, M. Krajne, B. Musel, & A. Kirbis (Eds.), *Problems and prospects of countries of former Yogoslavia*. Maribor: Center for the Study of Post-Yugoslav Societies.

[99] Klenk, C., Schlesinger, T., & Nagel, S. (2017). Zum Zusammenhang von mitgliederinteressen und vereinszielen. In L. Thieme (Ed.), *Der sportverein: Versuch einer bilanz* (pp. 273-294). Schorndorf, Germany: Hofmann.

[100] Knoke, D., & Prensky, D. (1984). What relevance do organization theories have for voluntary associations? *Social Science Quarterly*, 65(1):3-20.

[101] Kotler, P. (2000). *Marketing management: Millennium edition* (10th ed.). Upper Saddle River, NJ: Prentice Hall.

[102] Kriesi, H. (1995). The political opportunity structure of new social movements: Its impact on their mobilization. In J. G. Jenkins & B. Klandermans (Eds.), *The politics of social protest. Comparative perspectives on states and social movements*. London: UCL Press.

[103] Lamprecht, M., Bürgi, R., Gebert, A., & Stamm, H. (2017). *Sportvereine in der Schweiz: Entwicklungen, herausforderungen und perspektiven*. Magglingen, Switzerland: Bundesamt für Sport BASPO.

[104] Langton, J. (1984). "The Ecological Theory of Bureaucracy: The Case of Josiah Wedgewood and the British Pottery Industry." *Administra-*

tive Science Quarterly, 29(3):330-354.

[105] Larsen, C. A. (2002). Municipal size and democracy: A critical analysis of the argument of proximity based on the case of Denmark. *Scandinavian Political Studies*, 25(4):317-332.

[106] Lassen, D. D., & Serritzlew, S. (2011). Jurisdiction size and local democracy: Evidence on internal political efficacy from large-scale municipal reform. *American Political Science Review*, 105(2):238-258.

[107] Lawrence, T. B. (2004). Rituals and resistance: Membership dynamics in professional fields. *Human Relations*, 57(2):115-143.

[108] Liam J. A. Lenten. (2012) Comparing Attendances and Memberships in the Australian Football League: The Case of Hawthorn. *The economic and labour relations review*, 23(2):23-38.

[109] Lovett, D. J., & Lowry, C. D. (1995). Women and the NCAA: Not separate – not equal. *Journal of Sport Management*, 9:244-248.

[110] Maas, C. J., & Hox, J. J. (2005). Sufficient sample sizes for multilevel modeling. *Methodology*, 1(3):86-92.

[111] Macintosh, D. & Whitson, D. (1990). *The game planners: Transforming Canada's sport system*, Montreal & Kingston: McGill-Queen's University Press.

[112] Maloney, W. A., & Rossteutscher, S. (2007a). *Social capital and associations in European democracies*. A comparative analysis. Abingdon: Routledge. Maloney.

[113] Mandle, W. F. (1987). *The Gaelic Athletic Association and Irish Nationalist Politics*, 1884-1924. Dublin: Gill and Macmillan.

[114] Marquis, J., Lim, N., Scott, L., Harrell, M., & Kavanagh, J. (2008). *Managing Diversity in Corporate America: An Exploratory Analysis*. Santa Monica, CA: RAND Corporation.

[115] McAnallen, D. (2009). *" The Greatest Amateur Association in*

the World? The GAA and Amateurism. " In *The Gaelic Athletic Association 1884 - 2009*, edited by M. Cronin, W. Murphy, and P. Rouse, 157–182. Dublin: Irish Academic Press.

[116] McGee, O. (2005). *The IRB. The Irish Republican Brotherhood from the Land League to Sinn Fein.* Dublin: Four Courts Press.

[117] McKay, J (1997) *Managing Gender: Affirmative Action and Organizational Power in Australian, Canadian and New Zealand Sport.* Albany, NY: State of New York University Press.

[118] McMullan, M. (1995). " Opposition, Social Closure, and Sport: The Gaelic Athletic Association in the 19th Century. " *Sociology of Sport Journal*, 12(3):268–289.

[119] Meyer, D. S. (2004). Protest and political opportunities. *Annual Review of Sociology*, 30:125–145.

[120] Mintzberg, H. (1989). *Inside our strange world of organisations*, New York: The Free Press.

[121] Mintzberg, H. , Ahlstrand, B. , & Lampel, J. (2000). *Safari de estratégia: Um roteiro pela selva do planeamento estratégico*, Porto Alegre: Bookman Brasil.

[122] Mintzberg, H. , Quinn, J. B. , & Ghoshal, J. (1995). *The strategy process*, London: Prentice Hall.

[123] Morgan, G. (2006). *Images of organisation*, Thousand Oaks, California: Sage Publications.

[124] Morrison, L. (1993). *The AIAW: Governance by women for women.* In: Cohen, GL (ed.) Women in Sport: Issues and Controversies. London.

[125] Mowat, C. (1989). Chairman's report to the A. G. M. Finance is the key question. *WCA News*, 3(1):3.

[126] Nagel, S. (2006). *Sportvereine im wandel: Akteurtheoretische*

analysen zur entwicklung von sportvereinen. Schorndorf, Germany: Hofmann.

[127] Nagel, S. (2008). Goals of sports clubs. *European Journal for Sport and Society*, 5(2):121-141.

[128] Olson, M. (1965). *The Logic of Collective Action: Public Goods and the Theory of Groups.* Cambridge, MA: Harvard University Press.

[129] Peterson, S., Catásus, H., & Danielsson, E. (2016). *Vem håller I klubban? Om demokrati och delaktighet I idrottsföreningar* [*Democracy and participation in sports associations*]. Sweden: Centrum för idrottsforskning.

[130] Pfeffer, J. and Salancik, G. (1978). *The external control of organisations*, New York: Harper and Row.

[131] Philippa Velija, Aarti Ratna, & Anne Flintoff. (2014). Exclusionary power in sports organisations: The merger between the Women´s Cricket Association and the England and Wales Cricket Board. *International Review for the Sociology of Sport*, 49(2):211-226.

[134] Pitts, D. (2009). Diversity management, job satisfaction, and performance: Evidence from U. S. federal agencies. *Public Administration Review*, 69(2):328-338.

[135] Pitts, D. W., & Wise, L. R. (2010). Workforce diversity in the new millennium: Prospects for research. *Review of Public Personnel Administration*, 30(1):44-69.

[136] Pinnuck, M. & Potter, B. (2006). Impact of on-field football success on the off field financial performance of AFL football clubs. *Accounting and Finance*, 46(3):499-517.

[137] Putman, R. D. (2000). *Bowling alone: The collapse and revival of american community.* New York: Simon and Schuster.

[138] Putnam, R. D., Leonardi, R., & Nanetti, R. Y. (1993). *Making democracy work: Civic traditions in modern Italy.* Princeton, NJ:

Princeton University Press.

[139] Rao, A. R. , Stuart, R. , & Kelleher, D. (1999). *Gender at Work: Organizational Change for Equality.* West Hartford, CT: Kumarian Press.

[140] Roberson, Q. M. (2006). Disentangling the meanings of diversity and inclusion in organizations. *Group & Organization Management*, 31 (2):212–236.

[141] Richardson, A. J. , & Jones, D. G. B. (2007). Professional "brand," personal identity and resistance to change in the Canadian accounting profession: A comparative history of two accounting association merger negotiations. *Accounting History*, 12(2):135–164.

[142] Rittner, V. , & Breuer, C. (2004). *Gemeinwohlorientierung und soziale bedeutung des sports (2nd ed.).* Cologne, Germany: Sport und Buch Strauß.

[143] Rosenfeld, P. , Landis, D. , & Dalsky, D. (2003). Evaluating diversity programs. In: Edwards, J, Scott, J, Raju, N (eds) *The Human Resources Program-Evaluation Handbook.* Thousand Oaks, CA:343–362.

[144] Rossteutscher, S. (Ed.). (2005). *Democracy and the role of associations.* Routledge.

[145] Safari, A. , Salehzadeh, R. , & Ghaziasgar, E. (2018). Exploring the antecedents and consequences of organizational democracy. *The TQM Journal*, 30(1):74–96.

[146] Schlesinger, T. , & Nagel, S. (2013). Who will volunteer? Analysing individual and structural factors of volunteering in Swiss sports clubs. *European Journal of Sports Science*, 13(6):707–715.

[147] Schlesinger, T. , & Nagel, S. (2015). Does context matter? Analysing structural and individual factors of member commitment in sport clubs. *European Journal for Sport and Society*, 12(1):53–77.

[148] Seippel, Ø. (2008). *Norske idrettslag: 1999-2007 [Norwegian sports clubs: 1999-2007]*. Oslo: Akilles.

[149] Shank, M. D., & Lyberger, M. R. (2015). *Sports marketing: A strategic perspective* (5th ed.). Oxford, England: Routledge.

[150] Shaw, S, Slack, T. (2002). 'It's been like that for donkey's years': The construction of gender relations and the cultures of sports organizations. *Culture, Sport, Society*, 5(1):86-106.

[151] Sibson, R. (2010). "I Was Banging My Head against a Brick Wall": Exclusionary power and the gendering of sport organisations. *Journal of Sport Management*, 24:379-399.

[152] Skocpol, T. (2003). *Diminished democracy: From membership to management in American civic life*. Norman: University of Oklahoma Press.

[153] Slack, T. (1985). "The Bureaucratization of a Voluntary Sport Organisation." *International Review for the Sociology of Sport*, 20 (3): 145-166.

[154] Slack, T., & B. Hinings. (1994). "Institutional Pressures and Isomorphic Change: An Empirical Test." *Organization Studies*, 15(6):803-827.

[155] Smith, W., & Lewis, M. (2011). Toward a theory of paradox: A dynamic equilibrium model of organizing. *Academy of Management Review*, 36(2):381-403.

[156] SRA. (2018). *Sports club survey report 2017/18*. London, England: Sport and Recreation Alliance.

[157] Steinberg, R. (2007). Membership income. In D. R. Young (Ed.), *Financing nonprofits: Putting theory into practice* (pp. 121-155). Lanham, MD: Altamira Press.

[158] Stronach, M, Adair, D (2009) 'Brave new world' or 'sticky wicket'? Women, management and organizational power in Cricket Australia.

Sport in Society, 12(7):910-932.

[159] Svenja Feiler, Pamela Wicker, & Christoph Breuer. (2019). Nonprofit Pricing: Determinants of Membership Fee Levels in Nonprofit Sports Clubs in Germany. *International Journal of Sport Finance*, 14(4):262-277.

[160] Swierzy, P., Wicker, P., & Breuer, C. (2018a). The impact of organizational capacity on voluntary engagement in sports clubs: A multi-level analysis. *Sport Management Review*, 21(3):307-320.

[161] Swierzy, P., Wicker, P., & Breuer, C. (2018b). Willingness-to-pay for memberships in nonprofit sports clubs: The role of organizational capacity. *International Journal of Sport Finance*, 13(3):261-278.

[162] Talbot, M. (1988). *Their Own Worst Enemy? Women and Leisure Provision in Relative Freedoms*. Milton Keynes: Open University Press.

[163] Tajfel, H., & Turner, J. (1986). *The social identity theory of intergroup behavior*. In: Winchell, S, Austin, W (eds) The Psychology of Intergroup Relations. Chicago: Nelson-Hall,7-24.

[164] Tarrow, C. (1994). *Power in movement, social movements, collective action and politics*. Cambridge: Cambridge University Press.

[165] Taylor, T., & McGraw, P. (2006). Exploring human resource management practices in nonprofit sport organisations. *Sport Management Review*, 9:229-251.

[166] Thiel, A., & Mayer, J. (2009). Characteristics of voluntary sports clubs management: A sociological perspective. *European Sport Management Quarterly*, 9(1):81-98.

[167] Thomas, K., & Plaut, V. (2008). The many faces of diversity resistance in the workplace. In: Thomas, K (ed.) *Diversity Resistance in Organizations*. New York: Taylor & Francis, 1-22.

[168] Tomlinson, F., & Schwabenland, C. (2010). Reconciling competing discourses of diversity? The UK non-profit sector between social justice

and the business case. *Organization*, 17(1):101-121.

[169] Tran, V., Garcia-Prieto, P., & Schneider, S. (2011). The role of social identity, appraisal, and emotion in determining responses to diversity management. *Human Relations*, 64(2):161-176.

[170] Tschirhart, Mary, & Leiter, Jeffrey. (2016). The paradox of inclusion and exclusion in membership associations. *Human Relations*, 69(2): 439-460.

[171] Van Deth, J. W., Maraffi, M., Newton, K., & Whiteley, P. (Eds.). (2007). *Social capital and European democracy*. London: Routledge.

[172] Van Dick, R., Van Knippenberg, D., & Hägele, S. (2008). Group diversity and group identification: The moderating role of diversity beliefs. *Human Relations*, 61(10):1463-1492.

[173] Van der Meer, T., & Van Ingen, E. (2009). Schools of democracy? Disentangling the relationship between civic participation and political action in 17 European countries. *European Journal of Political Research*, 48(2):281-308.

[174] Van der Roest, J.-W., Van Kalmthout, J., & Meijs, L. (2016). A consumerist turn in Dutch voluntary sport associations? *European Journal for Sport and Society*, 13(1):1-18.

[175] Van der Roest, J. (2016). Consumerism in sport organizations: Conceptualizing and constructing a research scale. *European Journal for Sport and Society*, 13(4):362-384.

[176] Van Knippenberg, D., Dawson, J., West, M., & Homan, A. (2011). Diversity fault lines, shared objectives, and top management team performance. *Human Relations*, 64(3):307-336.

[177] Velija, P., & Flynn, L. (2010). "Their Bottoms Are the Wrong Shape" female jockeys and the theory of established outsider relations.

Sociology of Sport Journal, 27(3):301-315.

[178] Verba, S., Schlozman, K. L., & Brady, H. E. (1995). *Voice and equality: Civic voluntarism in American politics.* Cambridge: Harvard University Press.

[179] Vroom, V. H., & Jago, A. G. (1974). Decision making as a social process: normative and descriptive models of leader behavior. *Decision Sciences*, (5):743-769.

[180] W. A., & Rossteutscher, S. (2007b). Assessing the significance of associational concerns. Leisure, politics and markets. In W. A. Maloney & S. Rossteutscher (Eds.), *Social capital and associations in European democracies.* A comparative analysis. Abingdon: Routledge.

[181] Warren, M. E. (2001). *Democracy and association.* Princeton: Princeton University Press.

[182] Warren, M. E. (2003). The political role of nonprofits in a democracy. *Society*, 40(4):46-51.

[183] Weber, M. (1978). *Economy and Society.* Roth, G, Wittich, C (eds). Berkeley: University of California Press.

[184] White, A. (2003). Women and sport in the UK. In: Hartmann—Tews, I, Pfister, G (eds) *Sport and Women: Social Issues in International Perspective.* London: Routledge.

[185] Wicker, P. (2011). Willingness—to—pay in non—profit sports clubs. *International Journal of Sport Finance*, 6(2):155-169.

[186] Wicker, P., Breuer, C., & Hennigs, B. (2012). Understanding the interactions among revenue categories using elasticity measures: Evidence from a longitudinal sample of non—profit sport clubs in Germany. *Sport Management Review*, 15(3),318-329.

[187] Williamson, O. E. (2002). The theory of the firm as governance structure: from choice to contract. *Journal of Economic Perspectives*, 16

(3):171-195.

[188] Williams, K., & O'Reilly, C. (1998). Demography and diversity in organizations: A review of 40 years of research. *Research in Organizational Behavior*, 20(1):77-140.

[189] Wise, L., & Tschirhart, M. (2000). Examining empirical evidence on diversity effects: How useful is diversity research for public sector managers? *Public Administration Review*, 60(5):386-394.

[190] Wuthnow, R. (1991). *Act of compassion*. Princeton, NJ: Princeton University Press.

[191] Yazdani, N. (2010). Organizational democracy and organization structure link: Role of strategic leadership and environmental uncertainty. *Journal of the Institute of Business Administration*, *Karachi*, 5(2):51-73.

[192] Young, D. R., Jung, T., & Aranson, R. (2010). Mission:-market tensions and nonprofit pricing. *The American Review of Public Administration*, 40(2):153-169.

附　录

职业俱乐部管理

易剑东

一、职业俱乐部概述

欧洲最迟在 17 世纪中期英国资产阶级革命以后就有了"Club"一词，其最初的意义指的是一群志趣相投的绅士在一起从事娱乐活动的场所和组织。活动内容包罗万象，有音乐、舞蹈，也有文学、戏剧，还有游戏、竞技运动等。

据目前查阅的资料，最早的专门的体育俱乐部是 1668 年在英国成立的地方板球俱乐部。

"俱乐部"一词在中国的出现是欧美文化传入的结果。目前查阅到的中国境内最早的体育俱乐部是 1837 年在广州成立的由外侨组成的划船俱乐部。

"Club"（俱乐部）这个词本身就是指"为参加某一特定活动而聚集在一起的人群或社团或为付费成员提供服务的商业性组织"。西方国家的职业体育俱乐部虽然因国别原因存在一定差异，但绝大多数国家的职业体育俱乐部是商业和市场因素推动的，充其量是为了维护从事某一运动项目的人员的生计或者使之专业化。西方国家体育领域业余主义原则的强大威力最终没有阻挡职业体育的洪流，其原因并不是从事某些运动项目的人急于要提高竞技水平，而更多的是出于商业目的。19 世纪后期，美国职业棒球俱乐部经常输给大学里的棒球队,这本身就说明当时推行职业联赛的主要目的不是为了提高棒球运动水平。而且当时英国职业足球联赛体制的建立也被一些学者认为是缓解当时娱乐活动的阶级分化矛盾的一个成果,说明职业足球俱乐部充当了资产阶级与工人阶级之间的调谐器,而与提高竞技水平没有多少直接的关系。

可能正因为这个原因,西方多数国家的职业联赛管理体制中都有职业俱乐部联盟,都在处理球员参加国家队比赛和俱乐部比赛之间的矛盾问题上有明确的条文,球员放弃国家队比赛保证职业俱乐部比赛的现象也不少见。

也许正由于这个原因,中国的许多职业体育俱乐部至今无法乃至不愿意和政府脱钩,甚至不少俱乐部的经营观念和赢利意识淡薄。毕竟主导中国职业联赛方向、控制各俱乐部命脉的还是项目协会和管理中心。

其实,在世界体育界,提高水平和增加盈利、体育目标和商业目的对于职业体育俱乐部来说是可以协调统一起来的。我们很少见到水平低下而收入不菲的职业体育俱乐部,曼联、皇马的经营业绩与他们在本国和国际相关赛事中的表现紧密相连,美国男子职业篮球联赛(NBA)又有几支强队不挣大钱?

政府和企业是不同的目标主体,从理性的角度看,指望企业帮助政府无偿地实现其提高某个项目竞技水平的目标是不现实的。于是在中国,职业体育俱乐部无法割断与政府的脐带,也因此无法充分地进行所谓市场竞争而去实现自身的商业目的。中国的职业体育俱乐部因此给人的感觉是,政府要提高体育运动水平,请企业来帮忙。这种状况短期间可以凑合,但两者根本不同的目标长此以往怎么可能不产生矛盾?

说到底,虽然我们要通过职业足球联赛来提高中国足球水平,但我们除了一次比较侥幸地进入世界杯决赛圈(表现最差的球队)之外,至今没有获得过一项男子足球的亚洲冠军,我们在国际足联的排名榜上的名次持续下滑。

可能从一开始我们就错了。我们想方设法去塑造一个能够提高竞技水平的所谓职业体育俱乐部管理体制,而忽视了职业体育俱乐部在商业和市场方面的需求,最终造成的结果是:竞技水平没有提高,俱乐部经营理念也大大落伍。

美国男子职业篮球联赛(NBA)最初设立和不断完善的管理体制也是为了增加精彩程度、取悦观众、赢得市场,但它最终塑造一支又一支"梦之队",令世界其他国家的篮球队胆寒。

刻意去追求却无所得,找到了事物兴衰的命脉曲意求之最终修成正果,中外职业体育俱乐部的这种命运的反差值得我们深思。

在欧美,各国足协对职业足球俱乐部和职业足球运动员的条件、数量有严格的限制。

一般来说,成立一个职业足球俱乐部,必须具有以下四个基本条件:一是要有一个标准的比赛场地及相应的备用训练场地;二是要拥有一定的注册资金和周转资金;三是要有一支相当实力水平的球队;四是要承担后备力量的培养,附设青少年队。

只有符合以上条件,向足协申报,经批准之后才能宣布正式成立职业足球俱乐部。

在以上四个基本条件中,前两种是职业俱乐部得以正常运转的保证,第三个是职业俱乐部存在的标志,第四个是职业足球俱乐部的基础,也是欧美职业体育俱乐部普遍关注的问题。

二、职业体育俱乐部的本质特征

职业体育俱乐部是职业体育的基本组织形式。它是由投资者、经营者、管理者、运动员和教练员组成的集合体,尤其拥有以竞技体育运动为职业的高水平运动员。俱乐部实行分工协作,有序地从事组织管理、经营、训练、竞赛等活动,形成了一个有机的整体。

职业体育俱乐部是从事体育文化娱乐及其相关产品的生产经营的体育产业组织。它以人们观赏体育竞赛需要为生存发展空间,从事创造体育竞赛观赏价值的生产经营活动,并通过一系列服务手段在市场上与消费者交换,使商品价值得到充分体现,获得相应的利益回报,以此维持俱乐部的正常运作。

职业体育俱乐部是有其自身经济利益的经济实体。任何投资办职业体育俱乐部的投资者都要考虑俱乐部的经济利益,把追求经营利润最大化,使资本在运作过程中不断增值作为俱乐部的运作目标,由此形成了企业化的经营管理方式,建立起特有的运行机制。

职业体育俱乐部是经注册登记的、具有独立法人资格的团体,拥有明确的产权及其生存发展所必需的其他各种权利,自主经营、自负盈亏,有权利、有能力以自己的名义从事各种活动,并承担相应的民事责任。

德国足球俱乐部的"注册协会"本质决定了德国足球俱乐部的非营利属性,即每年该俱乐部针对会员及其选举产生的俱乐部代表没有任何分红,所有的现金流均为俱乐部的非营利目标服务,会员资格不可出售,导致德国职业足球俱乐部制造以及积累利润的动机严重不足。

中超联赛中的众多职业俱乐部并未成为其持有人价值的一个重要组成部分,而更多是被作为一个带有强烈权宜色彩的短期工具,从而验证了之前对中超联赛足球俱乐部持有者特征及其行为特征分析所推测出的"短期行为假说"。显然这是一个难以令人乐观的结论,持有人短期、带有强烈权宜性质的持有动机对于中超俱乐部乃至中国职业足球的长期发展极其不利。

从发达国家的经验来看,职业足球俱乐部治理结构主要有 3 种类型,分别是私人公司形式、公众公司形式和会员制。

私人公司形式治理结构的特征是俱乐部实际持有人为一人或少数几人,在这种治理结构中,实际持有人一般并不直接担任俱乐部的官方职务,而是通过俱乐部的母公司来控制俱乐部。目前,这种治理结构在英超和意甲联赛中最为普遍,如切尔西俱乐部和 AC 米兰俱乐部等。

公众公司形式的治理结构则是指俱乐部以公众公司的形式存在,所谓公众公司,是指向不特定对象公开发行、转让股票,或者向特定对象发行、转让股票并使得股东人数超过法定数量的股份有限公司。这一种治理结构中,由于股权分散,俱乐部股东更为关注俱乐部的经营利润和分红。目前,此类俱乐部数量不多,其中最为著名的是意甲联赛中的尤文图斯俱乐部,其股票于2001年12月20日在意大利米兰证券交易所上市。

会员制形式的俱乐部,属于非营利性质的治理结构,俱乐部具有法人资格,这种治理结构下,俱乐部有着众多会员,会员以民主选举的方式选出代表,来承担任期内对俱乐部的管理职能。这一类型的俱乐部在欧洲大陆国家里较为普遍。在这一治理结构下,会员们追求的目标是实现声誉和比赛胜利最大化。

三、角色与职能

职业足球俱乐部高管层一般包括总经理、副总经理、董事会秘书、财务负责人和球队主教练等。总经理和董事长秘书由董事长提名,经董事会聘任或解聘。副总经理通常由总经理提名,提交董事会聘任或解聘。高管人员的选聘方式体现了董事会秘书和总经理对董事会负责。以总经理为首的高管人员主持公司生产经营管理工作,组织实施董事会决议、年度计划和投资方案等。

以主教练为首的教练团队一般主要负责球队建设工作,带领球队进行日常训练、参与比赛,处理球队内球员间矛盾,形成良好球队氛围,提升球队竞技能力,提高球队比赛成绩。高管层职责由各俱乐部具体确定,其职责划分直接关系高管层治理质量。

恒大淘宝在新三板披露中,将高管层职位分为总经理、副总经理、董事会秘书和财务负责人,所聘人员都来自恒大集团,可见控股股东对俱乐部拥有实际控制权。总经理与董事会沟通机制协调,总经理列席董事会会议制度,可尽量减少董事会与总经理间存在的信息不对称问题,不仅可为董事会科学决策提供信息支持,而且也使总经理能充分理解董事会决议内容,确保顺利实施。

"董事长负责下的主教练负责制"委托代理机制和薪酬激励机制,使主教练被赋予至高的权利。主教练拥有球队管理自主权,在球队日常管理、训练和比赛方面拥有绝对权力,俱乐部董事长以及其所属的恒大集团董事局在内的高管团队均不参与俱乐部技战术管理,不干涉球队任何内部工作。

中外青少年校园足球发展政策与形势比较

易剑东

一、各国足球政策中的青少年足球

（一）英国青少年足球

在英国,每座城市都有若干个草坪和公园。依附于这种天然优势,英国草根足球文化十分流行。绿地中随处可见踢球的儿童,无论是"3 对3"还是"5 对 5",这种不含竞争色彩、单纯体验足球带来的快乐的活动对青少年足球水平的提升起到了积极的促进作用。

英国每座城市的社区都有健身娱乐活动中心,而且每个中心都会开设足球课程,以培养儿童的足球兴趣。随着年龄的增长和技术的提高,儿童在 7 岁左右的时候,就可以参加由社区组织的草根足球联赛。

各地的球探会通过观察确定有潜质的儿童,随后与其家长进行沟通,邀请其进入俱乐部继续练球。如果家长同意,则双方签约,之后每个周末家长会带孩子前往俱乐部进行训练。俱乐部的专业教练会对这些儿童进行专业指导,帮助其学习基本的足球战术,接受正规足球教育。

1. 职业俱乐部的人才储备

英国足球的载体主要是各级足球俱乐部的足球学校或青年队,这些足球学校或青年队为英国培养了一大批足球人才。

以英格兰地区为例,英格兰足球总会要求在其注册的所有职业俱乐部必须设立足球教育机构,其中,英超俱乐部要设立足球学校,英格兰足球冠军联赛(简称英冠)、英格兰足球甲级联赛(简称英甲)、英格兰足球乙级联赛(简称英乙)的俱乐部要设立足球精英培训中心,这些机构都必须面向社会招生。通过草根足球联赛发掘出来的"苗子"在进入俱乐部之初,也要在足球学校或培训中心进行训练。

2. 个案分析

以曼城的足球学校——曼城足球学院(CFA)为例,曼城通过整个大曼彻斯特地区的 24 名专业球探发掘 8—13 岁的"苗子"。签约后,这些孩子不会立刻进入曼城足球学院学习,而是留在社区中心到 10-11 岁身体发育成熟时再进入俱乐部。之后通过 9 个月专业训练,最后由专业教练决定其是否能够进入青年队。被留下的球员继续训练到年满 16 周岁时签约成为职业球员。

3. 校园足球覆盖面广

英格兰足球总会下属的英格兰学校足球协会(ESFA)专门负责整个英格兰地区正规学校的足球教育监管。英格兰学校足球协会的存在确保了那些想一直接受传统教育而又不愿意放弃足球理想的孩子有机会接受正规的足球教育。据英格兰学校足球协会官员介绍,在整个英格兰地区近 3 万所学校中,三分之二的学校开设了足球课,并常年进行各类足球比赛。

(二)德国青少年足球

1. 德国青少年足球发展的基础

德国只有 8000 多万人口,足球人口据国际足联官方统计为 1600 多万,而注册球员高达 630 万。也就是说,每四五个德国人中,就有一个爱踢足球,每 13 个人中就有一名注册球员(包括女性)。德国人对体育生活非常看重,在德国一共有 9 万多个体育俱乐部,会员更是接近 3000 万,占总人口三分之一左右。而足球俱乐部超过 2.7 万个。

2. 德国青少年足球选拔体系

德国竞技体育运动员共分为五级(类似中国的分级制度),D,D/C,C 三级为后备人才,B 与 A 级为顶尖人才。

在 13—15 岁这个关键时期,参与足球训练的小球员不得脱离学校,家庭和俱乐部。俱乐部与附近的中学合作,要保证小运动员完成国家规定的课程。而在 15—17 岁,仍要在学校完成高中的课程,每年德国足协都会对小球员的学业完成情况进行检查。

德国足球青训计划的核心,就是建立训练基地和青训中心。

德国建立了 440 个足球训练基地,每个基地覆盖约 70 个足球俱乐部(全国约 2.7 万个俱乐部),足球基地每周训练四次,每组不超过 30 个运动员,一共有 1200 名具有执教资格的教练员参与该计划。

从 2002 到 2003 赛季开始后,德甲和德乙的 36 支俱乐部必须设立青训中心,否则就将被取消注册的权利,无法参加联赛。青训中心内配备有全职教练,寄宿制学校和充足的训练场地等设施。

勒沃库森(Kurtekotten)青训中心于 2000 年正式建立,包括四块草皮球场以及一个多功能训练中心。

(三) 意大利青少年足球

1. 意大利的足球俱乐部体系

意大利足球俱乐部是管理足球运动员的重要机构,足球俱乐部负责球员的接收、注册、转会、教练员聘用等管理事务,同时负责足球学校的运转、各类比赛活动的举办和组织等。

俱乐部分为职业与业余两大类,著名的职业俱乐部有 AC 米兰、国际米兰、尤文图斯、拉齐奥、都灵等,隶属意甲、意乙和职业联盟(即意丙);绝大多数青少年足球运动员(5—16 岁)由业余俱乐部负责管理(隶属于业余联盟,亦称意丁联盟)。

2. 数量庞大的业余足球俱乐部

职业俱乐部除自设足球学校培养运动员,也从业余俱乐部中选拔

12—16 岁的青少年足球运动员,特别优秀的年龄可放宽至 10 岁。意大利现有足球俱乐部 14000 多个,其中职业俱乐部 111 个,业余俱乐部 13700 多个。以培训青少年为主的有近 3100 个,既培训青少年也训练成人的有 6000 个,只面向成人的 4000 多个。

(四) 法国青少年足球

克莱枫丹—法国足协足球学校成立于 1988 年,由前法国足协主席费南-萨斯特雷提议在巴黎附近建立,而当时这样举国体制所办的足校在法国共有 12 所,克莱枫丹直属于法国足协,每年都会安排考试招收 13 岁的新学员。

球员进来之后上午学习文化知识,下午训练足球,周末回到各自所属俱乐部比赛,因此,学生毕业之后的所属权还是原俱乐部,克莱枫丹只负责提供教练、场地等优质资源培养学员,至于学员的未来,克莱枫丹一律不管。由于法国足球基础雄厚,从这里走出来的学员基本都很容易找到工作。据统计,这里毕业学员中的 95% 最终都踢上了职业联赛。

(五) 西班牙青少年足球

1. 西班牙的足球青训体系

目前的巴萨青训系统共有从 U8 到 U19 年龄段 12 个梯队的 200 多名学员,而这些学员起初的选拔优先级则是按地区来排的:巴塞罗那>加泰罗尼亚>西班牙国内>世界范围(巴西、阿根廷等)。

一般一个街区性的俱乐部从 8 岁就开始有梯队,一直到 18 岁,最高层次还有一支成年队,大家在一起都是为了踢球。以巴塞罗那地区为例,一名小球员在这样的俱乐部训练比赛一年,家长们需要为他支出 300—400 欧元,其中包括了训练、比赛、教练和装备费用。

2. 足协统管青少年足球

俱乐部联赛很显然已经不属于当地教育局主管,而是由当地的足协负责,比如巴塞罗那地区的比赛就是由加泰罗尼亚足协负责,比赛涵盖的范围也更广,可能会包括整个加泰罗尼亚地区。

整个联赛的水平要比校园联赛高很多,也有会职业俱乐部的球探关注这个级别的联赛,其中的佼佼者便会被巴萨、西班牙人、塔拉戈纳、包括巴伦西亚这样的球会吸收到自己的青训队。

在这个级别踢球的小球员,其目的还不是为了踢上职业联赛成为职业球员,主要还是强身健体,同时也是进入社会认识社会从小树立有集体主义思想。

(六) 日本青少年足球

日本青训主要分为两大政策。第一,大力发展校园足球。很多日本青少年球员都会加入高中足球部进行系统的训练以及比赛。第二,俱乐部青训梯队的培养。这两个体系的建立,使得日本的职业联赛每年都能从这两个途径获得人才。而校园足球的比赛更是为青少年球员提供了非常宝贵的实战经验,为未来进入俱乐部甚至旅欧提供了宝贵的基础。

日本几乎每个高中都配有足球部,而这些足球部的训练量也是相当的惊人,时常可以看到球员会训练到深夜。而日本全国高等学校足球锦标赛从 1917 年开始举办,至今近九十年。虽然仅仅只是高校的联赛,但是火爆程度不亚于日本的 J 联赛。每年的决赛更是座无虚席。

日本的高中足球联赛参赛的球队固定在 48 支,全国大赛由日本足协与日本高校体育联盟主办,共有多达 43 家电视台机构参与,每场比赛都向日本全国转播。除东京有 2 个名额外,日本其余 46 个道府县各 1 个出线名额,48 支球队参加的全国大赛一般在每年的 12 月底开打,采用单场淘汰制,决赛在 1 月进行。

日本的 J 联赛主席在日本足协的协助下,效仿德国足协,为全日本业余足球顶级联赛的 47 支企业球队,以铁的手腕亲拟了联盟准入条件:"必须拥有至少 12 名职业球员,确保拥有可自由支配的可容纳观众人数达 1 万 5 千人的足球场,建立球员育成梯次体系,教练班子必须持有资格证书"。因此,J 联赛在创立之初就拥有 U12、U15、U18 三个年龄梯队,这也是 J 联赛的特色之一。自 2013 年起,日本足协更是将上述准入条件升格为制度性的"准入制度",一年一审。

俱乐部也规定孩子在 15 岁之前不能进行体能和战术训练,都是先进行有球训练,所有梯队球员每天训练最多一个半小时,观察球员一个赛季决定球员的未来。U8 和 U9 年龄段球员一周训练 3 次,外加周六的一场比赛。U12 以上的梯队每周训练 4 次,U16 以上每周训练 5 次,每周末有一场比赛。总结起来,拉玛西亚就是让孩子能读好书,踢好球的舞台,孩子将来不踢球也有出路。

(七) 俄罗斯青少年足球

现在推动俄罗斯足球青训前进的是石油大富豪阿布拉莫维奇。他名下的公司"国家足球学院 (National Football Academy)"已经在俄罗斯各地建立了数百个足球场。位于萨马拉州托里亚蒂 (Tolyatti) 市的俄罗斯最好的私立足球学校"Yuri Konoplyov Academy"也是由他资助运营,该校最有名的毕业生是目前效力于莫斯科中央陆军的德萨戈耶夫 (Alan Dzago-ev)。该学校的球员和教练会定期前往伦敦切尔西的青训营进行训练和研修。

另外,由于 2018 年世界杯将在俄罗斯举办,俄罗斯政府已经决定开始新的青训工程,每年计划投资 4000 万欧元,预计到 17 年为止将建成 500 个新的足球场。

(八) 乌拉圭职业足球与青少年足球的对接

为了满足人们踢球的欲望,乌拉圭足协设计了一个"无孔不入"的足球体系,包括业余和职业两大层面。只要是热爱足球的人,在这里都可以找到适合自己的"组织"。

业余层面包括儿童组 (5—12 岁)、青年组 (13—20 岁)、沙滩足球、室内足球、女子足球、高中和大学联赛等分支,每个分支都遍布各类足球俱乐部,每年会有固定的比赛。此外,乌拉圭校园足球也十分红火,他们的学校通常只上半天课,课余时间大多数男学生都会选择去踢球。

在职业层面,乌拉圭甲级和乙级联赛的总共 30 支职业俱乐部,会选拔球员进入他们的 U14、U15、U16、U17 和 U20 梯队,相较于业余层面的广覆盖,职业层面强调精英化,且相应的条件和待遇也好很多。

(九)韩国足球的完整体系

韩国的职业球员 90% 来自大学,其余 10% 来自高中。另外,韩国足协仿效法国和荷兰的最佳培训系统,制定出 12 岁至 15 岁年龄段少年培训体系,还请来巴西、荷兰一流教练执教,并派出部分小球员赴法国和巴西接受顶级水平的足球培训。不过,韩国孩子若想接受更专业的培训,每月要花费相当于 7000 元人民币的学费,也堪称价格不菲了。当然,韩国足协还规定,职业联赛的俱乐部必须有自己的青少年球队,必须在小学、中学等各个级别的业余联赛中资助一支球队,并且为这些学校提供教练服务。

(十)乌拉圭的全民足球

据统计,乌拉圭业余层面各分支的注册球员数量约有 215000 人(指参加正式比赛的球员,不包括在俱乐部以踢球为乐趣的球员),而在职业层面约有 3000 人。据最新数据,乌拉圭从新生婴儿到 34 岁的人口约占全国总量的一半(约 160 万人),而注册球员绝大多数在 34 岁以下,因此乌拉圭注册球员总数约占全国该年龄段总人口的 13.7%,也就是说每 10 个 34 岁以下的乌拉圭人就会有一人是注册球员,比例之高无愧于全民足球。

二、体育和足球运动的独特价值

(一)体育对经济社会发展的贡献

体育提供了一个平台,供人们学习诸如纪律、信心和领导力等技能,还教会我们容忍、合作、尊敬等一些在生活中需要的伦理准则。体育让我们明白努力的价值以及如何面对胜利或者失败。

从青年整体发展来看,体育的作用是非常重要的。它不仅促进了青少年生理和心理的成长发育,还为他们之间建立了非常有价值的社会联系。尤其对于那些在生活中并没有太多机会去参加游戏比赛或者进行自我表现的青少年来说,体育更是给他们提供了更多的机会。参加体育活动这种健康的运动形式可以避免青少年中一些有害行为的发生,如吸毒和犯罪。

体育对于一个儿童的成长发展来说是十分重要的,它教会了孩子们如合作与尊重这样的核心价值,它增进了健康并且减少了疾病的发生率。体育还提供了诸多就业岗位,为当地的发展做出了贡献,也是推动经济发展的重要力量。而且,它还将个人与团体联系在了一起,跨越了文化与种族的差异。

(二)学校体育的价值定位

第一,增强体质和增进健康。

第二,培养运动技能和养成锻炼习惯。

第三,完全人格和幸福人生。

第四,激活校园活力和丰富校园文化。

第五,提升学校品牌和塑造学校形象。

第六,输送精英选手和扩大财政收入。

（三）足球运动的价值

第一,身体技能和运动能力的全面锻炼。

第二,心理素质和适应能力的深度锤炼。

第三,社会融合和组织管理的重度演练。